U0960892

北京地区上市公司融资行为与资本结构分析

房 燕 著

北京邮电大学出版社
www.buptpress.com

内容简介

本书以北京地区上市公司2005—2010年间的年度财务报告中相关数据为基础，对北京地区上市公司的融资行为和资本结构进行了研究。研究内容借鉴了西方资本结构理论并结合我国实际，分析了相关理论在北京地区上市公司融资行为与资本结构中的适用性，以区域经济繁荣与上市公司融资效率为研究范畴，以新视角和新思维给读者以启迪。其研究结果能够为投资者和研究者提供科学合理的投融资研究决策依据，希望能对我国资本市场的理论研究与实践改革有一定的启示作用。

本书适用于从事金融市场、企业投融资与财务管理等学术研究方向的中国学者，特别是年轻一代的研究者；也可供高校师生、证券公司、企业管理和政府有关部门使用。

图书在版编目(CIP)数据

北京地区上市公司融资行为与资本结构分析 / 房燕著. -- 北京：北京邮电大学出版社，2013.3
ISBN 978-7-5635-3365-7

Ⅰ.①北… Ⅱ.①房… Ⅲ.①上市公司—融资—研究—北京市 Ⅳ.①F279.246

中国版本图书馆CIP数据核字(2012)第303159号

书　　名：北京地区上市公司融资行为与资本结构分析
著　　者：房　燕
责任编辑：王晓丹　马晓仟
出版发行：北京邮电大学出版社
社　　址：北京市海淀区西土城路10号(邮编：100876)
发 行 部：电话：010-62282185　传真：010-62283578
E-mail：publish@bupt.edu.cn
经　　销：各地新华书店
印　　刷：北京泽宇印刷有限公司
开　　本：787 mm×1 092 mm　1/16
印　　张：8.75
字　　数：214千字
版　　次：2013年3月第1版　2013年3月第1次印刷

ISBN 978-7-5635-3365-7　　定　价：26.80元

前　言

本书是北京市教育委员会人文社会科学研究计划面上项目“北京地区上市公司融资行为与结构研究”的研究成果之一（项目号：SM200811417007）。

在完善的市场条件下，企业市场价值与资本结构关联性问题一直是研究的焦点，半个世纪以来人们始终没有停止过对所谓“资本结构之谜”问题的研究。经济学家们试图从不同的角度或不同的侧面对企业资本结构的形成机理加以解释，并因此形成了不同流派的资本结构理论。大量的研究成果主要是以西方国家的市场经济体制为背景，对发展中国家尤其像中国这样一个处于国民经济快速发展、企业改革与创新过程中的国家缺乏深入的研究。由于我国上市公司有着极其重要的影响力，因而在经济生活中处于举足轻重的地位。在很多情况下，上市公司在各自的领域中被当作标杆企业来看待，因此，研究特定地区上市公司融资行为与资本结构具有重要的现实意义。

北京作为国家首都、重点经济区域，属综合性产业城市。综合经济实力始终保持在全国前列。截至 2012 年 3 月末，北京地区 A 股上市公司总数达到 204 家，按照中国证监会监管辖区统计标准，上市公司数量保持全国第二，北京地区上市公司潜力巨大。为此，本书借鉴西方资本结构理论并结合我国的实际，分析相关理论在北京地区上市公司融资行为与资本结构中的适用性，并以北京地区上市公司 2005—2010 年间的年度财务报告中相关数据为基础，对北京地区上市公司的融资行为和资本结构进行了研究。我们希望本书能够以新视角和新思维给读者以启迪，其研究结果能够为投资者提供科学合理的投资决策依据，促进北京地区上市公司的发展，为首都政府及各有关部门提供行业及上市公司发展和改革的决策依据。我们也希望本书能为北京联合大学金融学国家级特色专业和北京市专业综合改革试点的应用性教育提供有益的帮助。

全书主要由房燕撰写，其他参与撰写的人员有邢秀芹和严鸿雁。在项目研究及本书的撰写过程中，北京联合大学管理学院金融学专业的教师们给予了许多宝贵的意见和建议。此外，本书还得到了北京联合大学管理学院院领导的帮助与支持，特此致谢！

由于撰写人员水平有限，如本书存在疏漏，恳请读者批评指正。

著　者

前言

目　录

第1章 引 言

1.1 研究背景与意义

上市公司是资本市场的基石。上市公司的整体质量直接关系到资本市场的吸引力和竞争力,是资本市场可持续发展的基础和保证。纵观我国资本市场二十多年的发展历程,我们可以清晰地看到,是中国经济改革和转轨的内在要求催生了资本市场,而资本市场的发展也始终立足于服务国民经济发展的基础之上,并为推动经济体制改革,促进国民经济发展和社会进步做出了重要贡献。作为资本市场健康发展的根本,上市公司既是经济体制改革的积极成果,也是经济体制改革的重要践行者。资本对所有的企业而言,都是非常重要的资源。现代财务理论研究表明,资本结构的选择是非常重要的,因为它不仅影响企业的资本成本,而且与公司治理、企业价值、产业组织以及宏观经济运行有关。

融资结构是指公司中融通资金不同方式的构成与其融资数量之间的比例关系,也就是一个公司内源融资与外源融资、债权融资与股权融资的比例关系。融资是上市公司经营中的基本问题,它对整个公司的发展以及证券市场资源的有效配置有着重要的影响。而融资结构是融资行为的结果,融资行为的合理与否必然通过融资结构反映出来。不同的融资行为形成不同的融资结构,合理的融资结构可以提高企业价值。但何种融资结构最有利于企业的发展,长期以来一直是学术界和实务界所关心的热点问题,对企业融资偏好已成为近年来的一个前沿课题。从当前的现实看,首先,我国上市公司的融资行为明显偏好于股权融资、配股和增发新股,这是我国上市公司筹集外部资金的主要融资方式;而负债融资,特别是通过发行企业债权的方式来筹集外部资金在我国上市公司融资总额中所占的份额非常少。据统计,2004年以来,我国上市公司的债务融资仅占其长期资金来源的8.2%,并且主要来自于长期借款和应付款两项;而外部股权融资是上市公司最主要的长期资金来源,其比重高达51.8%。在成熟的资本市场上,债券融资所占的比例要远大于股票融资,基本上股票融资份额为20%~30%,债券融资为70%~80%。中国上市公司的股权融资偏好与理论的融资优先顺序存在着强烈的反差,过度依赖股权融资,必将对公司的经营和发展带来一系列的负面效应。其次,我国上市公司的资产负债率普遍较低,近年来,我国有一半以上上市公司的资产负债率低于50%。这种资产负债率分布与国内非上市企业相比明显偏低,与国际成熟资本市场的上市公司相比，也显得偏低，而且上市公司的资产负债率随着我国资本市场的发展呈不断下降的趋势。

截至2011年年底北京地区A股上市公司数达195家，境外上市公司数达48家，为北京地区经济发展作出了卓越的贡献。在资本市场全球化不断加速的时代，上市公司融资行为也发生较大变化，融资偏好和融资效率问题再一次成为人们关注的焦点。北京"十一五"规划中明确提出："要扩大北京企业的股票融资比重，推动大中型企业在主板市场上市融资，扶持和引导中小企业特别是高新技术企业在中小企业板市场上市融资。做好资本市场中介服务，吸引各类投资者和非上市公司来京进行股票的私募发行，推动企业赴国际资本市场上市融资。"在北京市"十二五"规划中再次明确："完善科技与资本对接机制。构建形成覆盖技术创新和产业发展全过程的多功能、多层次金融服务体系。大力支持境内外股权投资、创业投资机构在京聚集和发展。设立战略性新兴产业创业投资引导基金。支持境内外个人和机构开展天使投资业务。支持股权投资基金的设立和发展。实施高科技企业并购重组计划，支持企业利用资本市场进行兼并重组、做强做大。'十二五'时期力争新增上市公司100家以上，在资本市场形成更具影响力的'中关村板块'。进一步扩大和完善中关村代办股份转让试点，推进建立国家统一监管下的全国场外交易市场。"

但是，在我国上市公司中普遍存在着"一年绩优、二年绩平、三年绩差"的现象，如何提高上市公司的质量已成为阻碍上市公司发展的核心问题。究其原因也很复杂，如缺乏高水平的经营管理，片面追求经营的多元化，对项目的可行性估计不足，盲目扩大投资而导致资金等资源的分散，投资规模与财务能力不相适应等一系列问题的存在。我们希望从现代资本理论出发，通过统计分析和典型案例，即以北京上市公司为样本，分析其行业分布、经营状况、资本结构以及投融资行为等，对北京地区上市公司的融资偏好、融资投向及融资效率进行分析，研究其在资本流动全球化条件下的投融资行为和特点，提升其投融资能力和效益。为相关政府部门对北京上市公司的发展提供理论依据，为规范北京上市公司的投融资行为提供指导性建议，形成以上市公司为龙头，进而推动首都经济结构调整，促进首都经济健康发展的模式。

1.2 研究范畴

本书选取在沪深两地主板市场上市的北京辖区上市公司2005—2010年的数据进行研究，并采用中国证监会2001年4月发布的《上市公司行业分类指引》作为上市公司所属行业的分类标准。

本项目的研究范畴是北京地区上市公司的资本结构与融资偏好，即在深沪两地主板证券市场挂牌的上市公司对于不同融资方式进行选择的排列顺序和资本构成特点。上市公司的融资偏好通过其融资行为反映出来，最终形成了融资结果（包括资本结构和融资规模）。因此，融资偏好是一种主观的愿望，而融资结构则是行为的结果和体现。本书对北京地区上市公司融资行为及结构进行研究，一是通过理论分析与实证检验，揭示北京地区上市公司在特殊制度环境下的融资决策机制和影响因素，探讨我国企业上市公司的融资偏好形成机理，为企业融资理论提供新的解释；二是通过对融资效应的评价，分析我国上市公司的融资行为及结构存在的问题，并在此基础上提出对北京地区上市公司融资行为及结构进行规范治理的政策建议，这对于规范中国上市公司融资行为、提高中国证券市场融资效率，具有重要的理论与实践指导意义。

1.3 研究的主要内容

关于上市公司(企业)资本结构的研究，在西方已形成了一套比较完整的理论。西方对企业资本结构的研究是以发达的资本市场、完善的法律制度为背景的，这意味着我们在研究中国和北京地区上市公司资本结构时，不能简单地以西方资本结构理论作为指导，而是要一方面借鉴西方发达国家企业资本结构研究的方法，另一方面结合我国具体的资本市场条件和一系列制度因素，来确定我们的研究框架。正是基于这样一种考虑，我们分别运用期望理论、代理成本理论、交易成本经济学、融资优序理论和资本决定因素理论对上市公司的资本结构进行了数据分析与实证研究。本书共13章，各章的主要内容如下。

第1章为引言。论述研究背景及研究意义；研究方法与理论基础以及相关术语的界定；研究的创新点和不足之处。

第2章为资本结构理论及实证文献综述。论述了代理成本理论、期望理论、交易成本经济学、融资优序理论以及资本结构决定因素理论的主要观点，并且对各种理论以及国内外的实证文献进行了回顾，评价现有文献在中国的可行性。通过综述，说明每一种理论因不同条件和要求而得出不同的融资策略选择。

第3章为我国上市公司资本结构现状分析。本章对中国上市公司近几年的融资状况以及与国际融资状况进行了比较，得出中国上市公司偏好股权融资，并且对中国上市公司股权融资偏好进行了理论分析。最后提出对我国上市公司融资偏好的治理对策。

第4章为北京地区上市公司融资行为及特征分析。本章主要内容包括北京地区公司上市的界定、剔除上市公司的选择依据和标准、行业分布特征和运行情况。通过对北京地区上市公司调研和财务数据统计，分析北京地区上市公司的融资结构；着重对北京地区上市公司规模、主营业务利润率、每股收益、资产负债率、净资产收益率、现金债务总额比和市盈率等进行了不同行业差异化比较分析，分析北京地区上市公司的融资偏好及其原因。总结北京地区上市公司的融资行为和结构特点。同时分类设计了附表，为进行后续内容的研究提供了平台。

第5章为北京地区零售业上市公司融资结构分析。本章主要阐述了北京零售业上市公司的行业发展现状与发展趋势，明确了样本公司的选取，并从零售业上市公司的融资结构与特点进行分析，得出结论：从内外源融资关系看，优先选择外源融资，而非内源融资；外源融资中，债务融资比例高，而股权融资比例低。针对北京地区零售业上市公司的融资行为与我国零售业上市公司的融资行为进行了比较，并提出建议。

第6章为北京地区制造业上市公司融资结构分析。本章主要阐述了北京地区制造业上市公司的行业发展现状与发展趋势，明确了样本公司的选取。由于制造业上市公司数量是北京地区上市公司总量中占比较大的行业，因此本章将采用对所选取的样本公司财务数据，利用SPSS 13.0分析软件建立多元线性回归模型的形式进行实证检验与分析，并提出科学合理的完善建议。

第 7 章为北京地区农业发展上市公司融资结构分析。本章主要阐述了北京地区农业发展类上市公司的行业发展现状与发展趋势，明确了样本公司的选取。本书除以统计表述方法阐释北京农业发展上市公司融资行为外，还以北京农业类上市公司为研究对象，选取2005—2009 年季度数据建立面板数据模型，对北京农业类上市公司资本结构及影响因素进行了实证分析，以此来揭示当前农业上市公司资本结构的现状及其内在关系，为今后北京农业上市公司的进一步发展提供启示和借鉴。

第 8 章为北京地区电力行业上市公司融资结构分析。本章主要阐述了北京地区电力行业上市公司的行业发展现状与发展趋势，明确了样本公司的选取。通过描述性统计，对北京地区电力行业上市公司的融资行为和资本结构进行分析。认为北京地区电力行业上市公司的融资顺序为首选债务融资，其次选择股权融资，最后选择内源融资。

第 9 章为北京地区房地产业上市公司融资结构分析。本章主要阐述了北京地区房地产业上市公司的发展概况，明确了样本公司的选取。对北京地区房地产业上市公司的主要盈利能力指标和投资收益指标进行详尽分析。

第 10 章为北京地区信息产业上市公司融资结构分析。信息产业是我国发展速度及影响较大的产业，因此本章对我国信息产业上市公司融资行为与北京地区信息产业上市公司融资结构进行了比较分析，提出了优化北京地区信息产业上市公司发展的建议。

第 11 章为北京地区其他行业上市公司融资结构分析。本章除上述六大行业之外的证监会所列举的其他行业，主要包括综合类，农、林、牧、渔业，采掘业，建筑业，交通运输、仓储业以及社会服务业等七个行业的上市公司。拟从上市公司的资产规模、现金负债比、主营业务利润率和资产负债率等几个角度对北京地区其他行业整体状况和上市公司的财务质量进行概要性分析和研究，并提出促进行业发展的建议。

第 12 章为北京地区金融业上市公司分析。由于北京既是经济文化城市，同时其金融业的发展与综合经济实力又位于全国前列，因此本章将概要性地阐述北京地区金融业发展现状及国内外影响，并对北京地区金融业上市公司融资行为进行了宏观分析。提出在促进北京金融业上市公司发展的同时如何为北京地区非金融业上市公司的发展提供金融支持。

第 13 章为结论及政策建议。本部分将对前面的分析和研究进行总结和概括，提出相应的政策及建议。根据前面 12 个章节的研究结果，总结全书的主要观点与结论；提出改善北京地区上市公司融资行为和结构政策建议；提出完善北京地区上市公司再融资投向的政策建议；提出改善北京地区上市公司融资效益的有效措施和政策建议。

1.4 研究方法

本书采用理论与实证研究分析相结合的方法，并以描述性统计法和实证研究方法为主。本书将通过实证研究和中国特定国情下上市公司特点，探索北京地区上市公司融资偏好度以及原因。运用规范分析方法，分析北京地区上市公司融资偏好行为给公司带来的影响并提出相应的政策建议。在分析时具体采用以下方法。

1. 文献调查法

对目前国内外的企业融资的相关理论研究进行调查和综述。

2. 定性分析与定量分析相结合的方法

运用企业融资相关理论对我国和北京地区上市公司的融资偏好进行定性分析，利用相关数据进行定量分析。

3. 归纳分析法

本书以2005—2010年间沪深主板市场进行股权融资的上市公司为样本，归纳推理出影响北京地区上市公司融资偏好的内因及外因，从而为北京地区上市公司的融资提供理论意见。

1.5 理论基础

1. 期望理论

期望理论(Expectancy Theory)，又称做“效价－手段－期望理论”，是由北美著名心理学家和行为科学家维克托·弗鲁姆(Victor H. Vroom)于1964年在《工作与激励》中提出来的激励理论。期望理论是以三个因素反映需要与目标之间的关系的，要激励员工，就必须让员工明确①工作能提供给他们真正需要的东西；②他们欲求的东西是和绩效联系在一起的；③只要努力工作就能提高他们的绩效。期望理论的贡献一是提出了目标设置与个人需求相统一的理论。期望理论假定个体是有思想、有理性的人，对于他们生活和事业的发展，他们有既定的信仰和基本的预测。因此，在分析激励雇员的因素时，必须考察人们希望从组织中获得什么以及他们如何能够实现自己的愿望；二是期望理论也是激励理论中为数极少的量化分析理论。这一理论并不满足于对问题的定性说明，还非常重视定量分析。它通过对各种权变因素的分析，正确说明了人们在多种可能性中所做出的选择。也就是说人们的行为选择通常是效用最大的，或者说人们的现实行为是其激励力量最大的行为选择。这不仅是激励理论的重要发展，同时在实践中也更具操作性。

2. 代理成本理论

詹森(Jensen)和麦克林(Meckling)(1976)把代理成本理论引入了现代金融理论的框架里，说明了太多的债权融资可能导致资本替代以及管理层和债权人之间的利益冲突。据此，他们提出了在公司代理过程中存在的两类利益冲突。詹森(1986a，b)指出股东和债权人之间的代理问题会造成较少地使用债权融资，而较多地股权融资又会由于自由现金流量的增加，加剧管理层与股东之间的冲突。也就是说，资本结构的改变仅仅是股权代理成本与债权代理成本之间的交换：减少股权代理成本，就会提高债权代理成本，在没有税收情况下，两者之间通过权衡，得到总代理成本最低时的资本结构就是最优的资本结构。

3. 交易成本经济学

1937年，科斯(Coase)出版了《企业的性质》一书，开创了交易成本经济学的先河。科斯独辟蹊径地指出，决定企业的出现和运转的关键是交易成本的存在。交易成本经济学的着眼点在于企业与市场的关系。科斯的研究并没有进一步深入到企业的内部结构。威廉姆森(Williamson)(1988)把“资产专用性”及其相关的机会主义行为作为决定交易成本的主要因素。他们认为，高度专用性资产容易造成垄断，产生机会主义行为，使合约谈判和执行变得困难，而如果交易在企业内安排，则可大大降低交易成本；交易所涉及的不确定性越高，交易发生的频率越高，需要付出的监督和履约费用越高，以企业内部组织取代市场就越能节省交易成本。交易成本经济学解决了新古典经济学没有解释的“企业存在”问题，对现代企业的经营运作有重要影响，交易成本经济学的目的就是要将治理结构和交易的特征匹配起来，以节约交易成本，实现最大的效率收益。

4. 融资优序理论

罗斯(Ross)(1977)通过规定管理层可以利用公司融资政策向市场传达各种信号，从而将信息不对称问题引入对资本结构的研究中，而梅耶斯（Myers）和马基卢夫（Majluf）(1984)由此进一步研究了在公司项目融资中的财务决策，并提出了资本结构的啄序理论（也称融资优序理论）。融资优序理论是指在内源融资和外源融资中首选内源融资；在外源融资中的直接融资与间接融资中首选间接融资；在直接融资中的债券融资（也叫债务融资）与股票融资中首选债券融资。债权融资是企业通过负债获得资金，债务融资是企业通过将手中持有的现金等价物转移获得资金。该理论探讨了当信息无法有效传递时，为了降低公司内部人与外部融资者的代理问题，公司如何选择最优融资渠道的问题。他们认为，在信息不对称的前提下，就公司各种可能的融资渠道而言，留存收益、折旧等内源资金本身是由内部管理层所控制的，不存在类似的代理问题。因此，内源融资的资金成本相对于外源融资而言要低得多。而外源融资中的债权融资由于有本息固定偿付和破产优先清偿权的保证，只要公司正常运行，债权人就可得到足额回报，因而其对信息透明度的要求也相对较低，债权融资中的“柠檬问题”和逆向选择效应相对股权融资而言要低得多，结果造成了债权融资成本比股权融资成本低的现实。从而得出，梅耶斯和马基卢夫的融资次序理论：首先依赖内源资金，其次是债权融资，最后是股权融资。

5. 资本结构决定因素理论

资本结构决定因素学派之前一直是游离于资本结构主流理论之外的一个分支。资本结构决定因素学派主张企业资本结构应该是要受到很多因素的影响，而主流资本结构理论所主张的税差和破产成本仅仅只是其中两个较为重要的因素，这个学派也可称为融资工具的选择理论。这个学派的另一个特点是做大量的实证检验。从早期的巴克斯特(Baxter)和托布(Taub)到马什(Masulis)，再到后来的蒂特曼（Titman）和韦塞尔斯（Wessels），无一不是建立在“理论和现有实证检验基础上”。

1.6 相关概念

1. 融资与融资方式

(1) 融资。经济学是从宏观角度（社会资源优化配置的角度）来定义融资的，管理学是从微观角度（实现组织目标的角度）来定义融资的，由于研究视角的差异，导致对融资的理解和定义有所不同。

从经济学角度理解，融资是指资金由资金供给者手中向资金需求者手中运动的动态过程中。根据美国经济学家莫毅安(Morris)和科普兰(Copeland)等人在分部门资金流动账户方面的研究成果，可以把整个经济部门划分为盈余部门、平衡部门和亏损部门。盈余部门往往是储蓄者，亏损部门往往是投资者，在这种情况下便存在融资问题，融资过程的实质就是储蓄向投资转化的过程。在储蓄、投资由同一主体完成的情况下，投资主体把自己积累的储蓄用于投资活动，这一过程即为内源融资过程；在储蓄、投资由不同主体完成的情况下，投资主体可以通过融资中介从储蓄主体那里获得资金，这一过程称为外源融资过程。从管理学角度理解，融资是指融资主体为了实现组织目标，通过一定的融资渠道，采用一定的融资方式，从组织内、外部筹集资金的行为。

宏观意义上的融资和微观意义上的融资存在着紧密联系。一方面，微观的企业融资行为将促使宏观融资效率的提高。由于资本具有追求增值的特征，它总是向投资收益率较高的企业和部门流动，这使得投资效率较高的企业和部门得到较快的发展，同时也迫使低效率的企业和部门改善管理，以提高资本的投资收益率，从而在整体上提高整个社会的经济效率。另一方面，宏观融资环境的改善将有助于企业获得更稳定、更充足的资金来源渠道，降低融资成本，从而提高微观的企业融资效率。

(2) 上市公司融资。上市公司融资是指上市公司为了实现组织目标，采取一定的融资方式，从公司内、外部筹集资金的行为。上市公司作为一种特殊类型的企业组织，其融资行为既有一般企业的特征，又具有自身的特点。总的来看，上市公司融资行为具有下面四个特点：一是融资目标的多样性，首先，上市公司从提升公司价值的目标出发，其子目标可以是多样的，包括获得长期稳定的资金供给、降低资金成本、调整资本结构、改善公司治理、引入战略投资者、为公司竞争战略提供支持等；其次，是由于上市公司利益相关者的构成比较复杂以及多种委托代理关系的存在，可能导致融资目标的偏离或异化，从而使融资行为偏离了企业价值最大化的基本目标。二是融资方式的灵活性。与其他公司相比，上市公司直接面对资本市场，具有较强的融资自主权，可以灵活地利用银行信贷、债券、股票等金融工具筹集资金，具有一定的通过资本市场调节资本结构的能力，它们选择融资方式时受到的约束相对较少，融资偏好相对比较自由地体现为融资结构。三是融资决策机制的复杂性。上市公司的融资决策比较复杂，融资决策作为一项重大的财务决策，一般需要经过经理层的讨论、董事会的股东大会的表决通过，部门融资决策还需要经过证券监管部门的审核批准才能够正式实施。四是融资影响的社会性。由于上市公司的规模比较大，融资方式比较灵活，与其他类型企业相比，它们的融资行为涉及的利益相关者更多，对社会的影响更大。

(3) 融资方式。按照融资过程中资金来源的方向，融资方式可以分为内源融资和外源融资两种。

内源融资方式主要包括折旧和保留盈余两种。从融资角度看，由于固定资产从购置到更新需要很长时间，因此用于补偿固定资产折损耗的折旧就成为企业重要的内源融资方式。保留盈余是企业当年税后利润进行股利分配后留归企业用于经营活动的那部分，它也可以长期由企业使用。内源融资是企业创办过程中原始资本积累和运行过程中剩余价值的资本化，具有以下特点：一是自主性，内源融资是企业的自有资金；二是有限性，内源融资的可能性受企业自身积累能力的影响，融资规模受到较大限制；三是低成本性，内源融资的财务成本小，不需要直接向外支付相关的融资成本和费用，不过，内源融资也会有机会成本；四是低风险性，内源融资不存在支付危机，因而不会出现由于支付危机导致的财务风险。

外源融资包括股权融资和债权融资两类方式。股权融资是企业通过出让所有权直接向资金提供者筹集资金的融资行为；债权融资是指企业通过借贷方式筹集资金，间接从资金供给者处取得资金使用权的融资行为。此外，企业之间的商业信用、融资租赁等也属于外源融资的范围。

根据不同标准对融资方式进行分类，不同的分类之间具有交叉和重叠的情况。本书在表 1-1 中将各种融资方式与企业资产负债表进行对比，通过这种比较，明确反映了不同融资方式之间的关系。

表 1-1　融资方式分类

负债				所有者权益			
流动负债		长期负债		实收资本		公积金公益金	未分配利润
流动负债	应付未付款	短期借款	应付债券	新发行资本	原始资本		
外源融资							

2. 资本结构与融资结构

（1）资本结构。资本结构是指企业各种长期资金来源的构成及其比例关系。常见的企业长期资金来源包括权益性资本和债务性资本两类。在许多理论分析中，一般假设企业只以普通股与公司债两种融资方式来筹措经营所需要的资金。人们通常以资产负债率来替代严格意义上的资本结构。

（2）融资结构。融资结构是指企业资金来源项目的构成及其比例关系。根据前面的分析，融资结构主要包括内源融资和外源融资两部分，前者主要是来自企业正常经营活动的现金流入（主要包括保留盈余和折旧），后者包括股权融资和债权融资。与考察资本结构不同，考察融资结构本质上是一种流量分析而不是存量分析，其重点在于企业各年度的资金来源情况。

（3）资本结构和融资结构的关系。资本结构和融资结构存在密切的联系。首先，资本结构是企业融资行为的结果，融资结构的选择决定了企业的资本结构。从这个意义上说，资本结构是一个存量指标，而融资结构是一个流量指标，所有流量指标的累积就形成了存量指标。其次，既有的资本结构又会对企业的融资结构产生影响，在进行融资方式决策时，资本结构是一个重要的影响因素，合理的资本结构有利于企业价值的最大化。

融资结构和资本结构存在区别。融资结构不仅包括长期负债和所有者权益等项目，还包括短期负债；资本结构主要包括权益和长期负债。

（4）融资偏好。融资偏好是指融资行为主体对于不同融资方式进行选择的排列顺序。这里的行为主体包括任何可能对企业融资行为产生影响的利益相关者，包括大股东、小股东、机构投资者、债权人、经理人等。根据显示偏好原理，当有两种或两种以上融资方式可供选择时，行为主体对所选中融资方式的偏好超过对未选中融资方式的偏好。

上市公司有多个利益相关者，他们从自身利益最大化的角度出发，形成了各自的融资偏好，利益相关者通过上市公司的融资决策机制发现自身的融资偏好，通过动态的博弈，最终形成上市公司的融资偏好。对于上市公司而言，利益相关者的融资偏好通过公司决策机制共同决定了公司的融资偏好，而上市公司的融资偏好通过融资行为反映出来，在各种条件的限制下，最终形成了上市公司的融资结果（包括融资结构和融资金额）。因此，融资偏好是一种主观的愿望，融资行为和融资结果是一种客观事实，客观事实可以部分反映主观愿望。其中，融资行为比融资结果受到的约束较少，能够更准确地反映融资偏好。

(5) 融资效率。学术界目前对于融资效率有不同的定义,并且对公司融资效率的判断缺乏统一的标准。有一部分学者认为,融资方式作为一种制度安排,其效率应包括两个方面:筹资效率和配置效率。筹资效率是指某种融资方式或融资制度以最低的成本为企业提供资本的能力,而配置效率是指该种融资方式或融资制度将最稀缺的资本分配给能进行最优化生产的投资者的能力。

我们认为,可以从三个方面认识融资效率的内涵和评判标准。一是从企业管理者的层面看,他们最关心的就是如何利用最低的成本取得资金,此时融资效率体现为筹资效率;二是从股东等利益相关者的层面看,他们不但关心筹资效率,还关心融资行为对公司治理结构的影响,此时融资效率还体现为公司治理效率;三是从社会管理者的层面看,他们除了关心筹资效率和公司治理效率,还关心稀缺的资本是否得到最有效的使用,此时融资效率还体现为资源配置效率。因此,融资效率是指某种融资方式在筹集和使用资金过程中所表现出来的能力和功效。融资效率包括筹资效率、公司治理效率、资源配置效率三方面。

1.7　本书要解决的问题、研究创新与不足

1. 本书要解决的问题

(1) 运用问卷调查、统计描述以及比较分析等多种方法,从多个角度分析北京地区上市公司的融资行为与融资结构。企业资本扩张行为的选择在很大程度上受到融资成本的制约,本书通过北京地区上市公司的投融资现状,分析在全流通背景下其融资行为和偏好的关键因素,阐释上市公司融资偏好和融资成本的关系以及企业资本规模偏好、控股股东持股比例、高级管理人员对自身业绩评价和资产负债率等因素对上市公司融资偏好的影响,不同行业的上市公司其融资决策考虑因素是否存在差异。进而总结其融资行为和结构特点,为提升其融资能力提出改进建议。

(2) 运用融资优序理论和资本结构决定因素理论对我国和北京地区上市公司的融资状况进行了比较。得出了中国上市公司和北京地区上市公司均偏好股权融资,并且对北京地区上市公司股权融资偏好进行了实证分析,指出中国融资制度存在的缺陷及中国上市公司股权融资偏好的影响和后果。

(3) 运用新古典投资理论评价北京地区上市公司的投资行为。本书通过研究北京地区上市公司的投资行为对资本成本的响应程度以及企业投资规模与利润水平的关联程度,阐释了北京地区上市公司的投资行为在总体上符合新古典经济理论所期望的利润最大化目标下的企业投资行为范式;在全流通时代,新古典经济理论倡导的干预投资的经济政策对北京地区上市公司的投资行为究竟有何影响和作用。

2. 研究创新

本书的研究创新之处主要表现在以下三方面。

(1) 以北京地区上市公司为研究对象,对其融资行为和资本结构问题进行系统分析,探索其融资行为和偏好的关键因素,是一种有益的新尝试。从目前国内外相关研究成果来看,现有学术研究成果大多针对我国上市公司或我国某一行业上市公司展开分析,就北京地区上市公司的融资行为和结构有特色的研究并不多,而且多数研究成果停留在对我国上市公司生存状况及治理结构问题的描述上,缺乏针对性和区域特性;同时,欠缺从融资模式、动机

和风险控制视角进行的系统研究。

(2) 采用北京地区上市公司股权融资比率、债权融资比率以及内源融资比率和外源融资比率等为动态研究指标考察融资行为。本书主要是研究影响北京地区上市公司融资偏好的因素,但股权融资或债权融资偏好度较为抽象,在实证分析中较难量化。目前大多数研究中使用的是静态指标,如企业财务质量中的资产负债率等来衡量股权融资偏好,但资产负债率无法反映出企业在融资过程中股权融资的程度。本书使用了动态的指标来衡量上市公司的融资偏好。

(3) 采用了较全面的实证研究指标。在结合我国特有的融资体系和北京地区上市公司自身的特点,从公司规模、成长性、获利能力、经营风险、非负债税盾、资产担保价值和股权集中度等方面研究北京地区上市公司的融资行为与融资结构的影响因素。

3. 研究不足

(1) 由于北京地区上市公司中有较多的新三板上市的高科技公司,其上市标准与我国主板市场,如沪深两市的标准存在较大差异,因此,在选取样本公司时剔除了这些公司。还有金融业上市公司因其资产负债率较高以及行业资本结构和融资行为的特殊性,也未入选研究范畴。所以进行融资偏好研究的公司数量有限,导致本书的样本量偏小,影响到实证研究的精准度,在实证研究结果中数据的相关性不够显著。

(2) 由于北京地区大多数的上市公司对于无形资产的管理不全面,所以本书在选取变量时没有选取无形资产。作为上市公司的无形资产对其持续发展能力与融资结构有着重要的影响。但由于数据不完整,无法验证诸如信息技术类上市公司无形资产对其融资结构的影响,因此本书采用了统计描述法研究,而未采用实证研究。

第 2 章　资本结构理论及实证文献综述

2.1　国内外资本结构理论综述

学术界对企业融资问题的研究由来已久，本章将对融资偏好的理论研究、融资偏好的实证研究、中国上市公司融资偏好的研究等文献进行总结和梳理，进而确定本书的研究重点。

2.1.1　国外融资偏好的理论研究综述

研究企业融资偏好问题涉及许多经济学、管理学理论，其中最主要的是资本结构理论。资本结构理论是现代公司财务理论和金融经济学的重要发展分支，它着重探讨个体企业的资本结构问题，其研究范围包括是否存在最佳的资本结构和融资结构、影响企业融资方式选择的因素是什么、不同融资方式之间的比例关系对企业的价值是否产生影响、不同的公司治理结构是否存在资本结构的差异以及公司财务与公司治理的相关性等。

资本结构理论的发展总体上遵循着对两个相互联系和依存的问题的研究而展开：一是研究企业资本结构与企业价值的关系；二是研究影响企业资本结构的因素。融资偏好理论是资本结构理论的一个分支，或者说是资本结构理论的一种特别表述形式。研究企业资本结构的影响因素即是在资本结构理论发展进程中，重点考察影响企业资本结构因素和融资偏好状况的理论进展。

1. 基于对称信息的资本结构理论

西方资本结构理论的发展起点是美国经济学家莫迪格利亚尼（Modigliani）和米勒（Miller）于 1958 年在《美国经济评论》上发表《资本成本、公司财务与投资管理》一文，得出在完善的资本市场上，企业资本结构与企业市场价值无关的结论，即著名的 MM 理论。该理论认为，在完全资本市场中，股份公司的股利政策与公司普通股每股市价无关，公司派发股利的高低不会对股东的财富产生实质性的影响，公司决策者不必考虑公司的股利分配方式，公司的股利政策将随公司投资、融资方案的制定而确定。因此，在完全资本市场的条件下，股利完全取决于投资项目需用盈余后的剩余，投资者对于盈利的留存或发放股利毫无偏好。该理论合理的逻辑推断和简洁的抽象结论在理论界引起很大的反响，被认为是现代企业资本结构理论的基石。此后,学者们逐渐放宽了MM理论的各种假设,该理论也得到不断修正,先后经历了不考虑税收的MM定理(资本结构与企业价值无关论)、考虑公司所得税的MM定理(资本结构与企业价值有关论)和考虑公司所得税和个人所得税时的米勒模型三个阶段。由于MM定理存在着严格假定,在对这一假定的批判中,资本结构理论不断发展出新的理论,从税收、信息不对称、代理成本等方面来研究资本结构的决定因素,分别形成了税差理论、破产成本理论和权衡理论,此后又进一步引出融资顺序理论(Pecking Order Theory)、自由现金流理论(Free Cash Flow Theory)等理论观点。1963年,莫迪格利亚尼和米勒放松了无税收的假定,证明了在企业所得税的作用下,企业通过调整其资本结构,即提高资产负债率,可以增加企业的市场价值,从而修正了其1958年的资本结构与企业价值无关论。权衡理论(Tradeoff Theory)则认为,在公司保持资产和投资计划不变的情况下,公司的最佳负债率由负债的成本和收益比较来确定。公司将会权衡比较负债利息的节税收益和负债可能导致的破产成本或财务危机成本。公司将动态地考虑由负债代替权益或由权益代替负债,直至公司价值趋于最大化。

(1) 税差理论〔法拉(Farrar)和塞尔文(Selwyn),1976;布伦南(Brennan),1970)〕认为,考虑到债务在公司税务抵扣中的作用,公司价值应随债务的上升而提高。破产成本理论〔瓦格纳(Warner),1977;巴克斯特,1967)〕则研究了公司过度负债带来的破产成本,该理论认为,过度负债带来的破产成本是指公司在破产状态下的清偿成本(如各种法律费用、清偿费用等),过度负债将使公司陷入财务困境,从而提高融资成本,并损害公司价值。

(2) 权衡理论(Tradeoff Theory)认为,制约企业无限追求税盾效应的是企业风险随债务的增加而上升。也就是说,企业固然可以借用税盾效应通过增加债务而增加其市场价值,但随着债务的上升,企业陷入财务困境的概率也在上升,甚至可能导致破产。无论破产与否,企业陷入财务困境概率的上升都会给企业带来额外的成本,使它的市场价值下降,因此企业最佳资本结构是平衡税盾效应和因陷入财务困境概率上升而导致的各种成本的结果。企业因陷入财务困境而产生的成本大致可分为两类:一类是因陷入财务困境而导致破产的破产成本,其中又有直接成本和间接成本之分;另一类是破产可能性增大使代表股东利益的经理采取次优或非优决策,牺牲债券持有人利益,扩大股东收益,这类由于利益冲突而产生的成本称为代理成本。

权衡理论解决了先前理论所未能解决的在不同行业间资本结构存在差异的问题。由于企业所处行业不同,其风险、有形资产比重、企业成长性均存在不同程度的差异。梅耶斯(1977)认为,大量拥有有形资产的企业破产成本低,因为有形资产在破产时的价值损失有限,因此房地产企业、航空企业普遍资产负债率较高。而大量拥有无形资产的增长型企业破产成本较大,因为其主要资产是技术和人力资本,资产在破产后难以转卖。从方法论上讲,权衡理论引入了均衡的概念,使企业资本结构具有了最优解的可能性,从而为现代企业资本结构理论的研究提供了新的思路。此外,权衡理论放松了MM定理关于无破产成本与企业投资决策和融资决策独立的假设,深入地讨论了引入破产成本后股东、债权人之间相互关系的变化及其对企业市场价值的影响,这无疑是继MM定理后的一大进步。但在研究资本结构优化时考虑的成本只是因举债而带来的破产成本和代理成本,没有包括股权代理成本。

2. 基于信息不对称的债务融资理论

罗斯、利兰德(Leland)、梅耶斯、詹森和麦克林等经济学家,认识到经济生活中广泛存在的信息不对称可能是解释企业融资结构问题的突破口。该领域的研究基本上可以分为三个阶段：第一阶段，关注企业内部人（经理）与外部人（股权投资者）之间的信息不对称，不考虑企业所有权和管理权分离带来的委托代理问题，把企业融资结构当做一种信号，它传递着企业收入流或新投资项目好坏的信息，以缓解信息分布的不均衡。第二阶段，詹森、麦克林、戴蒙德（Diamond）等经济学家，将注意力转向委托代理问题，认为在企业所有者和管理者目标不一致的情况下，企业融资结构是试图减少代理成本以增加企业价值的结果。第三阶段，哈特（Hart）、阿格辛（Aghion）、博尔顿（Bolton）、梯若尔（Tirole）等经济学家，认为上述研究中的代理问题本质上可以通过针对管理者的最优激励方案加以解决，仅仅考虑代理问题本身不能给企业资本结构一个满意的解释。

3. 基于代理理论的资本结构理论

作为代理成本理论的创始人，詹森和麦克林在 1976 年发表了《企业理论：管理行为、代理成本和所有权结构》一文，提出了代理成本说。詹森和麦克林如此定义的代理成本：代理成本包括为设计、监督和约束利益冲突的代理人之间的一组契约所必需付出的成本，加上执行契约时成本超过利益所造成的剩余损失。在他们看来，主人福利损失也是一种成本，称为“剩余损失”。所谓代理关系，詹森和麦克林将其定义为：“一个或多个委托人委托某一个代理人代为采取某些行为的一项契约”。无论是委托人还是代理人，他们的目标都是为了达到各自的效用最大化。

詹森和麦克林是金融理论界最早试图从代理成本这一视角出发探讨公司价值最大化博弈中最优资本结构选择的经济学者，他们在明确代理成本概念的基础上，确认了两种公司的运营中非常明显的利益冲突：股东与经理层之间的利益冲突以及债权人与股东之间的利益冲突。股东和管理者之间的冲突源于经理人财富约束，即经理人无法拥有 100%的剩余收益，这意味着在其需要承担所有努力成本的同时无法获得全部收益。因此，在现实中，经理层有强烈的动机消极工作，甚至把公司资源转变为私人收益。债权人与股东之间的利益冲突则主要根源于有限责任约束下，债务契约对股东产生的选择次优投资，即资产替换动机。由于债务成本是固定的，当某项投资具有产生远高于债务面值的收益时，即便成功的概率很低，股东也可能会选择这一项目——成功时收益归股东所有，而一旦项目失败，有限责任决定了损失将主要由债权人承担。

（1）詹森和麦克林的研究

詹森和麦克林把股东与管理层的利益冲突导致的代理成本界定为“外部股东代理成本”，而把债权人与股东的利益冲突以及与债权相伴随的破产成本等界定为“债权代理成本”。他们认为，伴随着股权—债务比率的变动，两种代理成本会呈现一种此消彼长的权衡关系。债务的增加对股权代理成本有两个方面影响：一方面，在管理层投资既定的情况下，债务增加了其持有的股份，进而可以减少股权稀释产生的股权代理成本；另一方面，詹森(1986)的“自由现金流量”说认为债务的本息偿还，即硬偿还约束可以减少可供管理层使用的自由现金流量，减弱管理层浪费的可能性。因此在詹森和麦克林看来，公司最优资本结构应选择在两者之和最小的一个点上。詹森和麦克林对资本结构的这种分析为我们理解资本结构的激励功能提供了一个理论基础。此后的很多学者借助于对管理层以及投资项目性质的不同假设，从利益冲突视角对资本结构设计，尤其是债权融资的成本与收益进行了分析。

(2) 哈里斯(Harris)和拉维夫(Raviv)的研究

在股东和管理层之间的利益冲突约束问题上,哈里斯和拉维夫(1990)假设在管理层拥有控制权的前提下,即是企业运营不佳也不会主动清算,债务的存在能够使公司破产的概率增大,即控制权转移的可能性增大,进而在公司资产被管理层“误用”的情况下,管理层的机会主义行为被抑制,而所有者的价值提高了。但是,债权人为了识别资产的误用,也必须付出一定的调查成本。因此,他们的最优资本结构就是所有者在清偿权利与调查成本权衡之下的结果。

(3) 斯图尔兹(Stulz)的研究

斯图尔兹(1990)则在管理层具有强烈“帝国建造”动机的行为假设下,模型化了詹森(1986)的“自由现金流量”说。由于债务融资过度可能使公司陷入财务困境,进而出现投资不足问题,斯图尔兹模型中的所有者必须在投资过度与投资不足之间寻找资本结构的最佳位置。

(4) 戴蒙德的研究

戴蒙德(1989)则分析了股东和债权人之间的利益冲突,他认为具有不同声誉的公司可能会选择不同的融资渠道——那些新生的尚未建立起足够声誉的企业一般无法使债权人确信其不存在资产替换动机,只能依靠股权融资或高成本的债券资金;而已经建立了足够声誉的公司则能够获得低成本的债务融资。

(5) 金融契约理论

金融契约理论〔斯密(Smith)和瓦格纳,1979;豪根(Haugen),1979;汤森德(Towsend),1979;盖尔(Gale)和黑尔维希(Hellwig),1985;戴蒙德,1984;哈里斯和拉维夫,1990;斯图尔兹,1988,1990〕的研究思路别出一格。研究者的出发点是:如果存在各种代理成本,那么能否通过证券条款内容的具体设计来减少代理成本?因此,这一理论的主要研究思路是从规范的角度出发,通过设计各种契约,来解决代理成本问题。

4. 基于交易成本经济学的资本结构理论

科斯(1937)开拓性地提出了企业会存在问题的原因。经过多名经济学者的研究,如威廉姆森(1975)、克雷恩(Klein)、克劳福德(Crawford)和艾智仁(Alchian)(1978)、罗斯曼(Rochman)和哈特(1986)以及哈特和摩尔(1990),科斯(1937),最初关于企业的观点已经形成了一个内容丰富的交易成本经济学框架,被广泛地应用于经济史、比较经济体制、劳动经济学、经济发展与改革以及商业策略等多个领域。这些经济学者在交易经济学框架内讨论了企业的资本结构决策。主要是针对交易成本的节约来研究企业与各缔约方之间的关系,认为不同投资项目具有不同的资产专用性特征,而这种特征正是投资项目赖以区分的标志,这表明,在他看来,资本并非是无差异的。股本与债务具有较丰富的治理特性,股本比债务在治理方面更具有弹性。在股东和其他相关方组成的董事会框架内,股权能对企业的活动进行更紧密地监控,在应付事后机会主义和不确定性、保证企业的连续经营和决策方面,股权的参与性和专断性更有效地保证资金投入方的利益,从而减少纠纷、拖延,显著降低治理成本。另外,股权比债权也更加“宽容”,无论是增加对专用性资产的投资、更改投资项目,还是推迟股利发放以扩大投资,股权都能进行协商。

由于通过把不同的治理模式与具有特定属性的交易相匹配能够达到节约交易成本的目的,那么,具有不同资产属性的投资项目就应该是用不同类型的治理结构,即融资手段。威廉姆森(1988)的突破在于把不同的融资手段看做是不同的事后治理手段,并把它们与性质不同的资本联系在一起,债权和股权恰好提供了不同的治理框架,在这两个框架中,对资本资产的监督、管理和收益形式有着显著差别,因此,针对不同的项目,资本结构选择就能同节约交易成本的目的联系在一起。尽管威廉姆森(1988)为资本结构理论提供了新的、来自交易成本经济学的视角,他的分析仍旧有所局限。其中突出一点是他提出投资项目要么全部使用债权融资,要么全部使用股权融资,这与通常的企业混合使用债权、股权融资的事实不相符。另外,他还忽略了不确定性对资本结构选择的影响,未能清晰地说明不确定性在企业的资本结构选择中扮演的角色。

5. 基于信息不对称理论的融资优序理论

融资优序理论(Pecking Order Theory)是由梅耶斯和马基卢夫在 1984 年提出的。融资优序理论又称啄序理论,在资本结构理论中占有重要地位。他们吸收权衡理论、代理理论以及信号传递理论的研究成果,提出了融资优序理论。该理论从信息不对称的角度来分析企业融资行为。它假定经理人员是保护现有股东利益的;资本市场不完善,经理人员比外部投资者拥有信息上的优势。因而,认为只有在公司股票价值被高估的时候,经理人员才会增发新股。投资者从股票增发中推断出股票被高估的信息,因此增发新股会导致股价下跌。信息不对称越严重,增发新股就会使得股价下降的越严重。因为债务对资产有优先请求权,所以发行负债可以使得经理的信息优势最小。由此得出如下主要结论:相对于外部融资而言,公司更倾向于内部积累;若公司需要外部融资,在进行权益性融资前会首先考虑负债融资。根据代理理论,经理的利益与股东的利益并不一致,经理们往往置股东的利益于不顾而追求自身利益的最大化。梅耶斯和马基卢夫建立了投资决策的均衡模型来分析公司的资本结构问题。由此,詹森于 1986 年提出自由现金流理论——资本结构要有利于激励经理们交出现金而不是让他们把现金放在低于资本成本的投资上或者是浪费在组织性的低效率上。这个问题的解决方法就是负债,负债使得企业必须对外支付现金。斯图尔兹认为,由于负债是公司一系列支付现金的承诺,因此可以减少管理者可自由运用的现金,舒缓管理者与股东之间的冲突,这便是负债融资产生的利益。韦塞尔斯认为,在高速成长的行业中,代理成本似乎要更大一些,因为这些企业有更多的未来投资的选择机会。

卢卡斯(Lucas)和麦当劳(McDonald)(1990)提出了动态的优序融资理论,该理论意味着管理层往往在企业有着好的市场业务之后发行股票。因此,观察到的负债比率随着市场业绩降低而降低。优序融资理论的提出也受到了学术界的批评与怀疑。布伦南和克劳斯(Klaus)(1987)、伊诺(1988)以及康斯坦丁尼德(Constantinides)和格伦迪(Grundy)(1989)先后撰文指出融资优序理论的疑点。他们证明了通过融资选择的信号作用可以解决投资不足问题,而不必按照从债权到权益的融资顺序。有两类公司 H 和 L,H 发行股票为新项目融资且按面值偿还债务,这说明 H 公司的债务是无风险的;L 公司仅发行股票为项目融资,L 公司不会模仿 H 公司以面值偿还债务,因为债务是有风险的,其价值低于面值。但是伊诺德模型还证明了发行债权公司的平均质量比发行股票公司的平均质量要高,证明了市场对发行债权公司的正面反应和对发行股票公司的负面反应。这些结论都支持了梅耶斯和马基卢夫的观点。

6. 基于资本结构决定因素视角的理论

资本结构决定因素学派产生于 20 世纪 70 年代。该学派在继承前期资本结构理论研究成果的基础上，认为税收优惠与破产成本是影响企业资本结构的重要因素，但在上述两因素之外，尚有很多因素制约并影响着企业资本结构。尽管该学派的理论基础同样是MM定理，但它却批评以往的资本结构理论不仅缺乏完整性，甚至在某些方面是难以令人满意的（马什，1982）。考察资本结构决定学派的研究成果不难发现，虽然该学派经过了大量的实证分析得到了某些共识，支持了资本结构理论探索的成果，但也不乏实证结果的冲突。回顾该学派的研究成果不仅有利于加深对影响资本结构因素的认识，而且有助于结合我国经济转轨及经济发展的特点，构建符合我国实际情况的资本结构影响因素分析框架与模型。格特勒(Gertler)和里斯特(Lister)(1993)，格力森(Grisen)(2000)等认为资本结构决定因素理论受到宏观经济因素、行业因素、公司特征因素、公司治理因素等的影响。结果表明，不同文化背景、不同行业和公司背景下，企业的资本结构有显著差异。

与本书的研究方向密切相关的是企业在不同融资方式之间的选择是否存在偏好关系。由于股票融资成本较高，因此在西方企业融资结构中，根据新优序融资理论，企业融资方式的选择顺序首先是内部股权融资（即留存收益），其次是债务融资，最后才是股权融资。在发达国家中，留存利润是公司资金的主要来源，银行贷款大都是外部融资的主要来源，几乎所有发达国家都不会大幅度地提高从股票市场中的融资数额。只有基于较好的经营业绩，适度的股权扩张才是良性的和可维系的。

2.1.2 国内理论研究文献综述

1. 对中国企业资本结构影响因素的研究

南开大学国家自然科学基金重点项目《我国企业投融资运作与管理研究》课题组于2003年对我国企业投资动机进行了调查。何青等在国家自然科学基金重点项目《我国上市公司的投资行为研究：基于新古典理论的检验》(2005)的研究结果表明，中国上市公司具有强烈的股权融资偏好。这种融资偏好在微观上表现为上市公司通过不同股权融资方式进行“圈钱”的行为，在宏观上表现为证券市场的筹资功能被大大强化，优化资源配置功能未充分发挥，融资效率不高。

陆正飞、辛宇(1998)采用基本统计方法，对沪市1996年上市公司按不同行业分组，分析不同行业因素对资本结构的影响。其研究结果发现，不同行业的资本结构有显著差异；获利能力和资本结构之间为显著的负相关关系；规模、资产担保价值、成长性等因素对资本结构的影响不甚显著。洪锡熙和沈艺峰(2000)对1995—1997年在上海证券交易所上市的221家工业类上市公司进行了列表卡方检验。他们研究发现，企业规模、盈利能力对资本结构有显著影响；公司和成长性这两个因素都不影响企业资本结构；企业资本结构不因行业因素的不同而呈现差异。李善民等(1999)选取了1993年12月31日前上市的174家公司作为样本，对1993年、1995年、1997年上市公司资本结构的影响因素进行横向分析，采用逐步回归方法建立回归方程式进行实证研究。他们发现在政府干预较少或公司规模、经营状况剧烈变动时期，有关融资理论可以对公司的负债情况进行较好的解释；在相对稳定时期则相反。肖作平、吴世农(2002)选取了1996年1月1日前在深证证券交易所上市的117家非金融公司，以流动负债、长期负债率和总负债率三个指标度量资本结构，具体考察了它们在1998年12月31日的资本结构情况。他们研究发现，企业债务水平与国有股股本、资产担保价值、企业规模、财务困境成本呈正相关关系；与管理者占董事会人数比例、企业成长性、企业产生内部资源能力、非债务税盾等呈负相关关系。郭鹏飞、孙培源(2003)的研究结果表明，中国上市公司存在最优资本结构，行业是其重要影响因素之一；不同行业上市公司的资本结构具有显著差异；同一行业上市公司的资本结构具有稳定性；同一行业门类内不同行业大类的公司间资本结构无显著差异。

2. 对中国企业融资偏好影响因素的研究

沈艺峰、田静(1999)以及黄少安、张岗(2001)等人的研究结果认为上市公司股权融资成本高于债权融资成本。周齐武等(2000)研究了中国企业的恶性增资问题，认为公司管理者的行为是恶性增资的原因之一。李志文和宋衍蘅(2003)认为，中国上市公司配股的真正原因除了成长之外，还可能是圈钱，包括保留资金储备的时机性圈钱和回报个别利益集团的无条件圈钱，中国特有的股权结构使大股东在上市公司中具有独特的地位和特殊的利益需求，配股也成为大股东实现自己利益的一个可能手段。

3. 对中国企业融资效率的研究

卢福财(2001)提出了一个分析企业融资效率的框架，把企业融资效率定义为“企业融资活动在实现储蓄向投资转化过程中所表现出的能力和功效。具体来讲，是某种企业融资方式或融资制度在实现储蓄向投资转化过程中所表现出的能力和功效”。根据这一概念，企业融资效率可分为微观效率和宏观效率，其中微观效率划分为企业资金融入效率、企业法人治理效率和企业资金融出效率；宏观效率则可以从资金配置、资金作用和经济安全三方面来分析。卢福财的研究为全面、准确地评价上市公司融资偏好的效果提供了一个分析框架。徐伟等(2005)利用 2001 年度沪深两市上市公司的数据，探讨了我国上市公司股权结构、资本结构与经营绩效的关系。实证发现，股权集中公司的负债率显著低于股权分散的公司，第一大股东持股比例、流通股比例与负债率相关，资本结构与经营绩效存在二次关系和三次关系，资产负债率在 24.52%～51.13%之间时，经营绩效与资本结构正相关。张慧、张茂德(2003)的实证研究结果表明，上市公司的流动负债对经营业绩的提高起到了积极的作用，由企业之间资金占用所形成的债务关系对国内公司所有者和管理层利益的维护有正面影响，而长期负债对公司绩效没有显著影响。吴晓求等(2003)对上市公司融资后的资金投向进行了研究，发现 1999 年共有 120 家上市公司变更募集资金投向，其中更改配股项目投向的有 33 家，更改招股项目投向的有 87 家；2000 年共有 334 家上市公司通过发行新股、增发、配股募集资金 1 582.5 亿元，但是如期履约的不到五成；2000 年约有 140 家公司对募集资金使用变更进行了公告，其中 57%是招股募集资金项目。胡国柳和黄景贵(2006)以中国上市公司为样本，采用逐步回归法，对企业资本结构影响因素进行了实证分析。结果表明，资产担保价值与资产负债率和长期负债率显著正相关；非负债税盾与资产负债率和流动负债率显著负相关；成长性与资产负债率、长期负债率和银行借款比率显著正相关；盈利能力与资产负债率、长期负债率和银行借款比率显著负相关；企业规模与资产负债率、流动负债率、长期负债率及银行借款比率显著正相关；变异性与资产负债率及银行借款比率显著正相关，但与长期负债率负相关；另外，行业效应可能也是影响企业资本结构选择的重要因素。

4. 对北京地区上市企业融资问题的研究

陆正飞、赵尉松(2003)以北京地区上市公司的融资结构与上海、深圳两地上市公司的情况进行比较研究。研究发现，北京地区上市公司的负债率偏低，具有适当增加负债融资的潜在能力。并从资产负债率与净资产收益率(ROE)之间的变化关系可以看到,适当增加负债有助于提高水平。此外,上市公司融资结构的优化与投资发展战略之间有着密切的关系。张耘在北京市社科规划项目《北京国有企业上市问题研究》(2004)中,对北京资本市场发展问题及国有企业上市进行了研究,得出如下主要结论:产业结构调整的重要途径之一就是要发展与利用资本市场;充分利用资本市场促进首都经济的发展,抓上市公司的质量是关键;上市公司要正确处理好规范、监管、发展、服务的关系;发展资本市场,特别是发展股票市场要为国企解困服务,主要要从转制和筹资两方面着手;政府应充分利用资本市场,利用全国的社会资源为北京国有企业的发展、为首都经济的发展服务;要把中央在京的上市公司吸引到北京的开发区来;要创造出北京地区大多数高新技术企业包括上市公司将进入或产生于北京科技园区的环境等。王德全(2007)在《北京地区行业及上市公司分析》一书对问题进行了深刻的研究,首先从总体上对北京地区的产业结构及上市公司进行比较分析,进一步,按照中国证监会的行业分类法将北京地区现有的上市公司分为十三类(农业、采掘业、制造业、电力、建筑业、交通运输业、信息技术业、批发和零售贸易、金融保险业、房地产业、社会服务业、传播与文化产业以及综合类)分别进行分析,着重分析各行业现状和发展进程,探讨行业发展中的问题并分析问题的成因,预测行业未来的发展趋势,并重点对各行业中的上市公司进行财务分析和投资评价。张新民(2007)在《北京地区上市公司财务质量分析》一书中对上市公司的资产质量、资本结构质量、企业利润质量及现金流量的质量等方面着重研究了加强货币资金管理、潜在不良资产、长期股权投资战略目标及资产结构等问题,为企业融资能力的提高以及优化公司治理结构方案等提出了政策性的建议。文彩霞(2009)以北京地区上市公司 2001—2006 年总资产负债率作为研究对象,分别采用 Kruskal-Wallis H 非参数检验方法和单素分析方法对北京地区上市公司资本结构的行业差异进行分析。研究结果表明,北京地区上市公司资本结构存在着显著的行业间差异,但行业间两两差异并不均匀。最后对北京地区上市公司资本结构的行业特征进行了分析。

截至 2012 年 3 月,北京地区上市公司数量已达 204 家,为北京地区经济发展作出了卓越的贡献,然而在全球资本市场变化万千的当今,上市公司融资行为发生根本性变化,融资偏好和融资效率问题再一次成为人们关注的焦点问题。我们希望从现代资本理论出发,通过统计分析和典型案例,对北京地区上市公司的融资偏好、融资投向及融资效率进行分析,研究其在全流通背景下的投融资行为和特点,提升其投融资能力和效益。

2.2 国内外相关实证研究综述

2.2.1 国外实证研究状况

MM 理论提出后,学者们进行了大量的实证研究,使现代资本结构理论更加接近现实的经济条件。20 世纪 80 年代,众多的学者从实证的角度研究了哪些因素是决定上市公司资本结构的相关因素。其中以蒂特曼和韦塞尔斯的论文最具代表性。蒂特曼和韦塞尔斯的研究认为,对美国公司而言,公司资产抵押价值、公司的非负债税盾、公司的成长性、公司产品和服务的不可替代性、公司所处的行业、公司的规模、公司收益的稳定性以及公司的盈利能力等都是公司资本结构的决定因素。布拉德利(Bradley)、贾雷尔(Jarrell)(1984)和基姆(Kim)(1984)提出了一个单期的公司资本结构模型。在该模型里,公司发行两类证券:债券与股票。并从实证的角度,探查了财务杠杆的决定因素。他们发现并检验的三个决定因素是:①公司价值的波动性;②非债务避税水平;③广告和研发费用。与他们的模型一致的是,财务杠杆同公司价值的波动性负相关。但与他们的模型相反的是,财务杠杆同非债务避税正相关。一种可能的解释是,对有形资产比重大的公司,资产折旧较高也可得到较多的税收优惠,并由于债务由有形资产作担保而可获得利率较低的债务融资。而且他们发现,虽然自己的模型并没有论及广告和研究支出,这两项支出同财务杠杆负相关。蒂特曼和韦塞尔斯(1988)用分析技术来估计那些无法看到的因素对公司选择其资本结构的影响。从实证的角度检验了很多可能影响公司财务杠杆的因素,包括资产抵押价值、非债务避税、公司增长机会、独特性、产业分类(只限于制造业部门)、规模、波动性和盈利水平。他们还分别检查了短期债务、长期债务和可转换债务的杠杆比率,而不仅仅看全部债务。结果发现,交易成本可能是资本结构选择的一个重要决定因素,因为比起大公司,小公司往往倾向于使用更多的短期负债。哈里斯和拉维夫(1991)对美国的公司作了一些实证研究,结果表明负债比率与固定资产比率、投资发展机会、非负债税盾、公司规模呈正相关关系,与公司的变异性(风险性)、广告消费支出、破产的可能性和产品特殊性呈负相关关系。理论和实证的研究表明盈利能力、有形资产、税收、公司规模、非负债税盾、发展机会、公司经营风险等均影响企业的资本结构。拉詹(Rajan)和津加莱斯(Zingales)(1995)发现其他工业化国家上市公司在资本结构的选择上与美国的大致相似。例如,日本、德国、法国、意大利、英国和加拿大公众公司的财务杠杆,与有形资产和公司规模(德国除外)正相关,而与投资机会(托宾 Q 值)、利润率负相关。但是瓦尔德(Wald)则强调 G-7 国家的上市公司在资本结构的选择上有很多不同。例如,美国公司对违约风险比日本公司更敏感,公司规模对法国及德国公司的资本结构的选择似乎没有影响。美国高增长公司比其他国家的相似公司利用较低的债务融资。瓦尔德认为各国间的制度差异可能是导致这些差异的原因,例如,美国的风险资本业比其他国家发达。布斯(Booth)(2000)等人通过对 10 个发展中国家样本数据的实证研究发现,影响发展中国家公司债务比率的因素,似乎与影响发达国家的相似,且作用方式也类似。但是这些财务比率也受诸如 GDP 增长速度、通胀率和资本市场发展水平等国别因素的影响。另外,布斯等人还发现,发展中国家的公司长期负债水平比其在发达国家的同行要低得多。

2.2.2 国内实证研究状况

近年来对我国上市公司资本结构选择的实证研究越来越多,对资本结构影响因素的实证研究得到了很大发展。主要的研究成果如下。

林正宝(1996)在研究内部股权对代理成本的影响时认为,负债比率与企业息税前盈余增长率、实际税率、实际折旧率显著负相关,与 EBIT 变异系数显著正相关,与利息保障倍数的正相关、企业规模的负相关关系不显著。陆正飞、辛宇(1998)首先对不同行业的负债率进行比较,得出不同行业的资本结构有显著差异的结论。然后用机械行业和运输设备业的 35 家上市公司的获利能力、规模、资产担保值、成长性对长期负债率进行多元回归,得出的结论是仅获利能力对资本结构有显著影响，其他因素的影响均不显著。洪锡熙、沈艺峰(2000)对1995—1997年沪市221家工业上市公司进行了列联表分析，得到的结论是负债比例与行业是相互独立的，企业规模、盈利能力与负债比例正相关，公司规模、成长性对负债比例的影响不显著。张则斌、朱少醒、吴健中(2000)选择了1998年沪深两市上市公司的年报数据，利用SPSS统计软件进行多元回归分析，结果表明，成长性和企业规模与企业杠杆正相关，保留盈余、盈利能力和总资产市值面值比与企业杠杆负相关，资产抵押价值与企业杠杆不相关。郑欣、叶世绮(2001)选取了深市2000年的39支成分股作为样本，分析因素对资本结构的影响结论是，有形担保资产比率对负债权益影响最大，两者是正相关；实际税率影响较大，正相关；主营业务利润率和利息保障倍数对负债权益比率有影响，负相关；总资产和主营业务利润增长率对负债权益比率的影响不显著。肖作平、吴世农(2002)选取了1999年1月1日之前在深市上市的117家公司作为样本，分析了资本结构情况，采用SPSS统计软件进行多元回归分析，结果是国有股水平、资产担保价值、财务困境成本和企业规模与企业杠杆正相关，成长性、非负债税盾、盈利能力与企业杠杆负相关，经理人员占董事会人数的比例与长期资产负债率呈负相关关系，投资额与债务水平具有相关性。安宏芳、吕骅(2002)选取了沪市A股上市公司中商业行业的29家公司，利用2001年年报的财务数据，采用SPSS软件中的相关性分析，得出盈利能力、企业资产变现能力、资产管理能力与企业杠杆负相关，资产担保价值、成长性与企业杠杆正相关，企业规模与企业杠杆相关性不显著。陈维云、张宗益(2002)选取了深市的227家公司1995—2000年的财务数据，利用相关性和多元回归分析，得出企业杠杆与企业规模、成长性正相关，与盈利能力、资产变现能力、运营能力、企业风险程度负相关，与资产抵押价值、利息保障倍数、实际税率不相关。王娟、杨风林(2002)选取了2000年深沪市非金融类845家公司(除ST、PT类公司)，利用列联表的分析方法，得出企业杠杆与资本成本、净资产收益率、资产担保价值、公司规模、成长性负相关，与内部收益率、非负债税盾正相关，与主营业务收入收益率、控制权集中度、非对称信息相关性不显著，受行业影响显著。张喜玉(2003)对沪市38家信息技术行业上市公司2001年的资本结构影响因素进行研究，结果表明，企业的成长性与资本结构呈显著正相关关系，偿债能力与资本结构呈显著负相关关系，获利能力、非债务税盾和资产担保价值对资本结构的影响不显著。张关心(2004)通过实证分析认为，国家股所占的比例、成长性、投资额与债务水平呈正相关关系，企业规模、盈利能力、非债务税盾、产生内部资源能力与债务呈负相关关系，但这些指标与长期负债率之间的相关性不显著。

2.3 西方融资理论在我国的适用性研究

西方理论分析已非常全面深入，但这些模型假设都是根据西方资本市场的实际而做出的，模型的检验也主要基于发达国家的市场数据。我国企业与发达国家企业面临的金融环境有天壤之别，其融资决策如何受各种经济因素的影响还有待进一步研究。西方融资理论在我国的适用性研究主要体现在以下几点。

1. 传统资本结构理论从根本上存在缺陷

1958年，莫迪哥利安尼和米勒提出著名的资本结构无关论(即MM定理)，之后的静态平衡理论却从认为企业存在最优资本结构，通过负债税收优势对财务困境相关的各种成本之间的权衡，逐渐趋向认为这个最优状态而使企业价值最大化。该理论在西方财务经理中有相当的市场，而且也不乏检验证据支持，但用它来解释我国企业的融资决策显然是过于简单了。总结如下：第一，我国上市公司特殊的治理结构，其经营目标和经营方式决定了股权融资过度集中于法人股，公司经营目标可能只是管理者利益最大化；而对于这些目标来说，债务的节税功效即使存在也是微小的，很难成为左右经营者融资方式的重要因素。第二，即使考虑到负债的节税效应，我国上市公司依然偏好股权融资。原因在于，一方面，虽然借债存在避税利益，而且银行放款利息也逐年下降，但近年来债务还本付息的刚性特点正在不断加强，破产机制的引入对高负债率公司形成的威慑力正在加大；另一方面，由于法人股股东套现意识和现象较严重，事实上的参与分配的投资者主要是公众投资者。在这样的环境下，很难想象企业会为追求税收利益而尽力提高负债水平。相反，国内上市公司可能为了逃避监督而尽可能依赖股权融资。

大量学者研究表明，我国上市公司对股权融资过度偏好，这说明梅耶斯和马基卢夫(1984)著名的融资顺序理论在我国不成立。该理论断言企业一般将遵循“内源融资—外部无风险负债—外部风险负债—股权融资”的融资顺序。虽然从西方大量的经验研究结果来看，次序融资模型获得了相当广泛的实证支持，但对照我国的情况，显然我国实际情况不适用该理论。哈里斯和拉维夫(1988)以及斯图尔兹(1988)最早讨论控制权争夺资本结构的影响，他们认为，公司管理者代理股东行使经营权利，而这种权利往往能为他带来一些非金钱的利益，控制权竞争便成为一种十分自然的现象。此外，公司管理者所持有股份比例部分地依赖于公司的负债水平。但以上研究对我国上市公司管理者控制权的影响显然不强，因为我国上市公司高管人员的持股比例非常低，所以不可能进入控制权争夺者的视野。另外，我国的职业经理人市场尚处于起步阶段，市场竞争者本人的经营才能和股份所起的作用还非常有限。相比之下，人脉关系和个人深厚利益集团的实力等因素在竞争规则中的地位要重要得多。

2. 代理成本理论部分解释了我国企业资本结构的选择

传统西方资本结构理论中，只有代理成本理论能在某种程度解释我国企业资本结构的选择，该理论的结论是，负债契约结构和与负债相关的破产威胁，制约了管理层的自由度和减少了外部权益的代理成本。与学者们考察的资产替代效应模型不同的是，由于我国证券市场供需状况长期以来处于极不平衡的状态，二级市场价格杠杆功能受到扭曲，市场对公司经营应予的监管压力严重不足，所以上市公司本身往往并不直接承担由资产替代效应产生的代理成本，这种代理成本最终由贷款银行和中小股东所承担，从而使得大股东的机会主义动机异常地强。并且，因为大股东能控制董事会，从而能决定于己有利的融资方式，同时它也不必为这一过程产生的代理成本负责，这种代理成本的大小就不是公司选择融资方式的重要变量。于是，资本结构的选择不是为了将这类代理成本降到最低，而极有可能成为股东追求自身利益的一种中间手段。

2.4 文献评析

从MM理论到现代资本结构理论的起源到现代资本结构理论各学派的发展，现代资本结构理论的重大贡献在于它在给定的假设条件下定量地阐述了负债比率对公司价值的影响，使得资本结构成为一种严格的、科学的理论，被称为现代最具影响的财务与金融理论的支柱之一。然而，现有的研究成果由于特殊制度背景下的中国上市公司融资偏好的研究还存在着矛盾和争议，有诸多待改进之处，主要体现在以下几点。

1. 对融资偏好的度量

融资偏好具有主观性，在计量上存在着特殊困难，有些学者在实证研究中仅用资本结构或融资结构的数据来替代上市公司的融资偏好，这在逻辑上不够严格。由于我国资本市场的特殊性，上市公司的融资行为，特别是股权融资行为还受到行政力量的强有力干预，此时仅用融资结构来反映融资偏好就不够准确。

2. 对融资偏好的内部影响因素归纳和实证分析

本书拟将影响中国和北京地区上市公司融资偏好的内部因素分为公司特征因素和公司治理因素两类。其中，公司特征因素是一般因素，它作用于任何制度下的上市公司融资行为；公司治理因素是特殊因素，它在我国特殊的制度环境下对北京地区上市公司的融资偏好发挥独特的作用。

3. 对融资偏好的外部影响因素系统的归纳

影响我国和北京地区上市公司融资偏好的外部因素可分为政策环境因素和市场环境因素这两类，它们共同对上市公司的融资偏好的形成和实现发挥作用。

4. 对上市公司融资偏好的形成机理的研究

现有的理论没有进一步研究这种理论上最优的资本结构能否实现，最优融资偏好和哪个利益群体的融资偏好最一致，上市公司实际的融资偏好是如何形成的。上市公司融资决策是利益相关者共同作用的结果，公司实际融资行为偏离最优融资偏好的情况很可能发生。

5. 研究方法的改进

在本书中，我们将坚持可持续发展的理念，充分利用上市公司、统计部门、报刊杂志、互联网收集资料，以问卷调查、实地专访和专家访问为基本手段，采用如下研究方法。

(1)"个别——般—个别"的研究方法。即从实例调查和资料研究开始，然后归纳为规律；再用规律来对照各种现象，以判断所概括的规律的恰当性，否则给予修改、调整。

(2)"现象—理论—现象"的研究方法。即从现象抽象到理论，再试着用理论解释现象的方法。

(3)除了传统的"调研—问题—建议"的方法和"问题—国内外对比—建议"的方法之外，还将使用"规律—理论—演绎出措施"的方法，使所提出的建议更有深度，更具有效性。

(4)在处理复杂问题时，注重使用系统分析方法，如定性模拟方法。

(5)在本书研究中，注意各种方法与知识的综合使用，如评估方法、定性分析、定量分析、模型方法、解析方法和概率方法等。

第3章 我国上市公司资本结构现状分析

3.1 我国上市公司质量状况

经过20多年的持续发展，上市公司已成为我国国民经济发展的中坚力量。截至2011年12月底，我国境内上市公司达到2 342家，总资产102.89万亿元，营业收入23.32万亿元，占GDP的49%，利润总额2.61万亿元，占规模以上工业企业利润总额的48%；上市公司缴纳的所得税占全国企业所得税的34%，上市公司现金分红总额6 068亿元，比上年4 996亿元增加21%；总市值21.48万亿元，排名由2005年的全球第13位跃居至第3位。

根据我国经济统计报告显示，1990—2010年20年间上市公司数量增长与我国经济总量增长幅度大致吻合，均保持10%左右的平均增幅，国民经济“晴雨表”作用显现。上市公司控股性质，基本反映了社会主义市场经济的微观经济格局，即以公有制为主体，多种经济形式共同发展。随着中小板、创业板的快速成长，国有控股与民营控股已大致持平。上市公司行业分布，基本反映了我国产业结构布局和发展趋势。根据国家统计局发布的数据，2010年我国三次产业的国内生产总值占比分别为10.18%、46.86%和42.96%；三次产业上市公司营业收入比重分别为0.26%、53.34%和46.40%，二者大致吻合。上市公司区域分布，基本反映了我国区域经济的发展状况和市场化程度，如表3-1所示。我国资本市场发展初期，上市公司主要来自改革开放的前沿地区即华东及华南地区，随着资本市场和中西部地区经济的不断发展，中西部上市公司数量占比逐步提升。总体上说，上市公司年递增数量、分布状况与区域经济发达程度、市场化程度呈现显著的正相关关系。上市公司规模化、蓝筹化、支柱型发展趋势初步形成，资产、收入、利润和市值的市场集中度不断提高，市值在百亿元、千亿元以上的大型和超大型上市公司数量不断增加，已初步具备国际影响力和参与全球配置资源的能力。从上市公司总资产、净资产增长情况看，2005—2010年总资产规模的年复合增长率达到65%，平均总资产年复合增长率为51.14%；2005—2010年净资产规模的年复合增长率达到42%，平均净资产年复合增长率为30.35%，保持相对稳定的持续增长态势。从上市公司营业收入、净利润、每股收益、每股净资产、净资产收益率增长趋势看，上市公司持续盈利能力相对稳定，2005—2010年上市公司营业收入之和年复合增长率为34.52%，平均营业收入年复合增长率为23.50%。2000—2010年平均净利润保持了35%

的增速，高于同期规模以上工业企业平均净利润增速26%的水平。两项指标增速均高于同期GDP平均10%左右的增长速度。上市公司发展的制度成果是在价值导向、问题导向的改革进程中实现的，其所导入的诸如信息披露、公司治理、法人制度、契约公平、平等自治等市场经济基本理念，对我国经济体制转轨和建立现代企业制度具有深远的战略影响。

表3-1　我国上市公司地区分布(截至2011年12月底)(不含港澳台地区)

地区	北京	上海	天津	广东	重庆	黑龙江	吉林	辽宁	河北	河南	山东	山西	陕西	宁夏	安徽	青海
上市公司数	214	237	39	391	36	30	37	70	47	64	152	32	38	12	80	10
地区	甘肃	新疆	内蒙古	西藏	四川	云南	贵州	广西	海南	湖北	湖南	江西	江苏	浙江	福建	
上市公司数	23	38	24	10	86	28	21	28	23	83	69	33	232	241	85	

(数据来源：和讯数据网经整理得到。)

3.2　我国上市公司资本结构的现状

资本结构(孙清霞，2011)是企业资本来源中债务资本与权益资本的比例关系。资本结构问题是企业利益结构设计的核心问题，直接关系到企业的行为特征，包括其投资与融资行为特性(陈小悦、李晨，1995)。按照国内外资本结构理论，由于负债的节税效应，适度的负债对于降低企业资本成本具有财务杠杆效应，一定比例的负债可以大大降低企业的综合资本成本，并且从理论上讲，以股东财富最大化为目标的上市公司在筹资战略的决策上必然以追求综合资本成本最低(即实现企业价值最大化)，进而达到最优资本结构为前提。但是，纵观我国上市公司的资本结构，结果并非如此。通过对我国上市公司的数据分析，发现我国上市公司的资本结构特点主要有以下几个方面。

1. 资产负债率总体水平偏低

本书作者根据上市公司的历年年报资料，将2000—2010年这十年我国上市公司的平均资产负债率和全国企业的平均资产负债率进行比较，如表3-2所示。

表3-2　我国上市公司与全国企业平均资产负债率的比较　　百分比/%

年度	2000	2001	2002	2003	2004	2005	2006	2007	2008	2009	2010
上市公司	42.77	43.05	48.72	50.11	48.05	47.59	47.71	51.65	45.68	44.99	48.67
全国企业	62.18	61.13	62.06	59.05	60.1	62.44	59	58.14	62.1	60.3	59.5

(资料来源：由①http://www.cfen.cn；②http://news.xyfund.com；③http://www.cs.com.cn；④http://www.hexun.com资料整理而成。)

从表3-2中可以看出，我国上市公司历年的平均资产负债率由低至高。2000—2010年均低于全国企业的平均水平但呈现出逐年上升趋势。在2007年负债率最高时期，也低于全国企业平均水平7%左右。2000—2010年，上市公司每年的资产负债率均在50%左右，而全国企业的平均资产负债率均在60%左右，我国上市公司的资产负债比率相对较低。2006年中国工商银行和中国银行上市，2007年中国建设银行也上市，这些银行资产规模巨大，造成上市公司总体资产负债率很大程度上取决于这些银行的资产负债率，所以 2006 年之后的金融类上市公司，因多为负债型，资产负债率较高，为减少误差，本书剔除了相应样本。2010 年上市公司平均负债率达到 48.67%，其中，资产负债率高于 100%的上市公司有 14 家。

从上述统计数据不难看出，2010 年上市公司负债率明显高于往年，呈现不断攀升的态势，其原因是上市公司负债总额大幅增长与宏观经济以及金融政策密不可分，受国际、国内经济发展疲软的影响，企业的经营业绩出现了不同程度的下滑，负债率随之提高。同时，受房地产调控政策的影响，银根紧缩，企业融资成本大幅上升，这也导致相关企业的负债率不断攀升。

2. 负债结构不合理，流动负债水平偏高

负债结构是公司资本结构的另一个重要方面，它是指上市公司借入资金的期限结构、债源结构、利率结构等。一般地，负债期限结构应该均衡地安排长短期负债，保持适当的比例，以满足企业不同用途的资金需求，特别是避免还债期过于集中，影响资金的周转。

在我国，上市公司资产负债率偏低，而在负债结构中，流动负债所占比重偏高。表 3-3 中对 1998 年和 1999 年上市公司和全国 5 000 家企业的负债结构进行了比较。从中可以发现，上市公司流动负债占负债总额的比重高达 78%以上，约比全国企业高出 12 个百分点。因此，虽然上市公司总的资产负债比率低于全国平均水平，但其流动负债对总资产的比率已和全国企业平均水平较为接近。这主要是因为上市公司的净现金流量不足，导致公司使用过量的短期债务。一般而言，短期负债占总负债一半的水平较为合理，偏高的流动负债水平将使上市公司在金融市场环境发生变化，如利率上调、银根紧缩时，资金周转将出现困难，从而增加了上市公司的信用风险和流动性风险。

表 3-3　上市公司和全国企业债务结构比较　　百分比/%

	上市公司平均		全国企业平均	
年度	1998	1999	1998	1999
流动负债/总负债	77.38	78.89	65.92	66.72
流动负债/总资产	38.22	36.97	40.30	40.40

（资料来源：《中国人民银行统计季报》）

从表 3-4 中可以看出，与全国 5 000 户工业生产企业相比，上市公司流动负债总额的比重高达 80%～85%，而全国 5 000 户工业生产企业的对应比重仅为 65%左右，二者的差额为 15%～20%；与 G-7 国家上市公司相比，中国上市公司流动负债占总负债的比重平均为 84.26%，明显高于 G-7 国家上市公司的指标值 55.72%。

表 3-4　上市公司与全国企业负债结构比较(流动负债占负债总额的比重)　　百分比/%

年度		1995	1996	1997	1998	1999	2000	2001	2002	2003	平均
样本数		666	751	899	931	1 013	1 084	1 169	1 171	1 171	—
上市公司	算术平均值	81.32	81.84	83.22	84.30	85.35	85.65	85.22	85.71	81.32	83.77
	加权平均值	86.39	73.86	76.03	76.97	76.06	73.64	73.31	74.67	86.39	76.76
5 000 户工业企业		66.05	65.79	66.05	67.26	66.73	69.53	70.40	73.45	68.16	68.16
G-7 国家上市公司											55.72

（资料来源：《中国人民银行统计季报》）

衡量负债结构的另一个指标是流动负债与总资产的比重。从表 3-5 中可以看出，中国上市公司的流动负债与总资产的比率和全国 5 000 户工业生产企业、G-7 国家上市公司的平均水平较为接近。

表 3-5　上市公司与全国企业负债结构比较(流动负债占总资产的比重)　百分比/%

年度		1995	1996	1997	1998	1999	2000	2001	2002	2003	平均
样本数		666	751	899	947	1 013	1 084	1 169	1 171	1 171	—
上市公司	算术平均值	42.13	39.79	37.66	36.70	36.85	36.70	37.22	39.16	41.24	38.61
	加权平均值	55.26	38.70	35.37	35.12	34.61	34.14	34.36	36.24	36.99	37.87
5 000 户工业企业		40.12	39.91	40.38	39.08	38.56	39.92	40.19	43.04	40.15	40.12
G-7 国家上市公司											36.47

(资料来源:《中国人民银行统计季报》)

由此推断，在中国上市公司的资本结构中，流动负债的比重和全国 5 000 户工业生产企业的水平大致相当;但是，股东权益的比重远远高于后者，而长期负债的比重却远远低于后者。这说明，中国上市公司在长期债务和股权融资两者间的选择是明显的，即更偏向于以股权融资方式来解决长期资金需要。

3. 偏好股权融资

表 3-6 所显示的是截至 2001 年年底抽样沪市的 438 家上市公司，2002 年度的长期负债融资仅占长期资金来源的 6.2%，股权融资却高达 52.6%，出现所谓的“股权融资偏好”。由此可见，长期负债融资占长期资本来源中的比例很小，公司的长期资金来源主要依赖于股东权益的扩张。况且数年来政策上连续数次降息，在债务成本不断下降的背景下，长期债务比例不升反降，这不能不说明我国上市公司具有明显的选择股权融资的偏好。

表 3-6　2002 年度抽样 438 家上市公司(沪市)长期资金来源比重

项目	形式	金融/亿元	比重/%
利润留存	未分配利润、送股盈余公积金	177.60	41.2
长期负债	配股、增发新股	227.20	52.6
股权融资	长期借款、未偿付债券、长期应付款	26.70	6.2
	其中:配股	190.86	44.2
	增加新股	36.33	8.4
长期资金来源		431.50	100.0

(资料来源:《证券市场导报》)

4. 上市公司融资结构

(1) 内部融资情况。内部融资包括折旧和留存收益，其融资成本要低于外源融资。表 3-7 对我国上市公司 1998—2004 年的收益和现金股利支付情况作了统计，1998—2000 年股利发放比例较低。2001 年年初，证监会将分红派息作为上市公司获得发行新股(包括申请配股和申请增发)的一个条件后，实施分红派现公司的比例大幅度上升，股利发放比例从 2000 年的 31.05%上升到 50.26%，政策影响非常明显。2002 年后分红比例又有所下降。总体来看，我国上市公司的 50%以上留存收益被上市公司留存，趋向于不自愿分配股利。

表 3-7　1998—2004 年中国上市公司现金股利发放及内部融资情况

年份	1998	1999	2000	2001	2002	2003	2004
上市公司数	851	949	1 088	1 160	1 224	1 287	1 372
实现利润总额/亿元	668.38	854.25	1 099.74	874.47	921.73	1 292.99	1 651.17
发放股利金额/亿元	145.73	193.89	341.48	439.51	459.09	555.95	736.31
股利发放比例/%	21.80	22.70	31.05	50.26	49.81	43.00	44.59
留存利润金额/亿元	522.65	660.36	758.26	434.96	462.64	737.04	914.86
占内部融资比例/%	52.40	55.15	44.39	29.79	29.09	40.84	34.78
折旧融资金额/亿元	474.71	536.93	949.78	1 025.01	1 127.7	1 067.66	1 715.56
占内部融资比例/%	47.60	44.85	55.61	70.21	70.91	59.16	65.22

（资料来源：根据聚源数据库计算整理得出。）

折旧融资并不会直接影响企业的现金流，而是通过影响企业的利润，对企业所得税的支付产生影响，从而影响企业的现金流量。由于财税对折旧计提的严格规定，折旧融资实际上并不属于企业融资决策的范围。从表 3-7 中还可以看出，在公司内源融资中，折旧融资平均高于留存收益。

（2）外部融资情况。根据表 3-8 数据显示，从外部市场直接融资情况看，1998—2001 年配股是上市公司最主要的融资方式，增发也显示出增长的势头，只有个别公司发行可转换债和普通企业债。因此出现了大量对上市公司“圈钱”的批评和研究股权融资偏好的研究文献。从 2002 年开始，配股公司数量跳水似回落，增发公司数也逐步回落，可转换债有发展的趋势。到 2004 年，可转换债券的发行规模超过了增发、配股和企业债成为金融市场融资的主要工具。企业债 2003 年融资金额超过了其他融资方式，但只有 11 家企业，主要集中于大型基础建设项目融资。各年间的大幅波动说明我国企业的融资方式受政策、市场情况的影响较大。2002 年以后配股公司家数的回落情况和市场的低迷、管理层对配股的审核更加严格不无关系，就 2004 年 1—8 月而言，实施配股的公司 15 家，而尚未通过配股申请的达 13 家。企业把配股视为一种权利，从每年的配股申报情况看，基本上只要符合规定，达到配股资格的上市公司都会申请配股。这说明并非企业不选择配股方式，而是无法配股（很大一部分上市公司已失去配股资格）。

银行借款是公司外部融资的重要方式，尤其是在我国企业债券市场发展滞后的情况下，企业债务融资主要从银行获得。表 3-9 给出了我国上市公司 1998—2004 年银行借款再融资的情况。另据统计，短期债务再融资远远超过了长期债务融资，考虑到短期债务资金的其他来源，上市公司的流动性负债占总负债的 70%以上。

表 3-8　1998—2004 年中国上市公司外部融资情况

年　份	可转换债		增　发		配　股		企业债	
	家数	融资金额/亿元	家数	融资金额/亿元	家数	融资金额/亿元	家数	融资金额/亿元
1998	2	4.58	7	29.80	159	292.75	0	0
1999	1	14.66	5	53.94	117	243.82	6	77.39
2000	2	28.03	16	139.46	162	444.93	4	80
2001	0	0	22	186.50	126	415.02	4	90.5

续表

年份	可转换债		增发		配股		企业债	
	家数	融资金额/亿元	家数	融资金额/亿元	家数	融资金额/亿元	家数	融资金额/亿元
2002	5	40.48	28	158.76	22	54.57	5	115
2003	15	177.46	17	112.65	25	73.44	11	279.88
2004	12	209.03	8	138.42	21	101.67	1	35
合计	32	334.60	102	803.98	626	1 609.45	31	677.77

(资料来源:根据聚源数据库计算整理得出。)

表 3-9　1998—2004 年中国上市公司银行借款再融资情况

年份	1998	1999	2000	2001	2002	2003	2004
上市公司数	851	949	1 088	1 160	1 224	1 287	1 372
短期借款融资数/亿元	249.37	206.62	276.3	414.39	412.04	870.61	862.41
短期借款所占比例/%	120.18	67.54	58.50	63.65	69.51	67.48	54.76
长期借款融资数/亿元	−41.87	99.3	196	236.66	180.78	419.63	712.53
长期借款所占比例/%	−20.18	32.46	41.50	36.35	30.49	32.52	45.24
借款融资合计/亿元	207.5	305.92	472.3	651.05	592.82	1 290.24	1 574.94

(资料来源:根据聚源数据库计算整理得出。)

(3) 社会转型中转变发展方式的压力加大。当前我国上市公司持续发展面临社会转型带来的复杂经济环境,需求下行与供给不足并存,流动性充裕与资金成本高并存,增长放缓与资源要素价格上升并存,增速回调与企业效益下降并存,产业转移加快和部分地区低效扩张并存。2011 年年报显示,2 298 家实体经济上市公司实现营业收入 18.91 万亿元,同比增长 23.71%,营业成本合计 15.38 万亿元,同比增长 25.58%,营业成本的增幅明显高于营业收入的增幅;营业利润增速仅为 7.03%,同比下滑 39.57%,净利润增速 4.85%,同比下滑 43.15%。上市公司转变发展方式的压力在加大。

综上所述,我国上市公司的融资结构为:内源融资是企业资金的主要来源,其次是金融机构借款、资本市场股权再融资和债券市场融资。总体上看,企业间接融资比例在上升,直接融资比例在下降。

3.3　我国上市公司资本结构分析

国内外有关资本结构的实证研究显示,可以通过改变负债与权益比率来增加或减少公司有价证券的市场价值,即资本结构具有一定的经济效果。目前国内外研究资本结构采用四种计量方法,即账面价值、市场价值、重置成本价值和现金流量。由于我国较长时间流通股比例较小,故本文采用账面价值的资产负债率计量。

1. 我国上市公司各行业资产负债率趋势分析

从表 3-10 和图 3-1(a)、图 3-1(b)来看,农林牧渔业行业(A)资产负债率的行业均值最低年份为 1994 年,比率为 28.29%;最高年份为 2007 年,比率为 51.65%。最高年份比最低年份高 23.36%，总体趋势为波动增长趋势。采掘业(B)是我国拥有上市公司最晚的行业。1997—2004 年间该行业资产负债率的均值处于 40%以下；2005—2009 年间都在 40%以上，且同期都比农林牧渔业低；1997 年及 1999—2003 年间在 12 个行业(包括综合业)中最低。总体趋势也是呈波动增长趋势。制造业(C)整个行业在 1993 年、1994 年、1995 年持续上升；1996 年、1997 年、1998 年呈下降趋势；1998—2000 年间持续上升；2006 年最高达到 50.68%；2007 年、2008 年、2009 年呈下降态势，都在 48%左右。水电煤气生产供应业(D)就整个行业而言，

表 3-10　分年度分行业中国上市公司资产负债率趋势　　百分比/%

	1996	1997	1998	1999	2000	2001	2002	2003	2004	2005	2006	2007	2008	2009
A	40.69	32.30	34.04	30.59	33.36	35.58	43.34	45.97	48.05	47.59	47.71	51.65	45.68	44.99
B	42.68	29.42	34.64	29.50	28.98	32.12	32.57	33.84	39.52	44.21	45.56	43.63	42.69	45.48
C	44.98	41.35	41.14	41.40	41.51	42.95	44.95	46.49	48.34	49.98	50.68	48.94	48.08	47.52
D	35.55	37.33	34.97	34.48	35.42	33.99	38.64	41.90	44.39	49.10	52.70	51.95	59.46	61.17
E	52.82	47.70	49.40	52.04	54.92	54.09	56.41	58.47	60.55	65.11	64.45	68.08	71.39	70.74
F	39.16	32.64	32.29	32.20	34.95	35.15	35.64	36.43	37.97	40.37	41.74	42.80	42.83	42.73
G	42.16	39.61	40.67	42.47	44.94	45.59	47.02	45.59	46.54	49.00	46.04	46.14	42.85	38.09
H	48.38	48.67	50.28	48.75	50.16	51.27	53.36	55.07	56.87	59.27	58.33	57.30	56.64	56.75
J	44.07	44.39	47.83	50.31	50.90	54.59	53.62	56.96	57.40	59.01	59.42	55.92	57.53	59.04
K	36.25	33.20	33.20	36.27	34.38	36.03	37.57	37.51	41.30	44.24	45.37	42.88	43.88	42.64
L	36.61	34.59	37.79	40.62	36.01	45.55	41.28	45.16	44.40	43.64	44.27	36.43	39.96	35.90

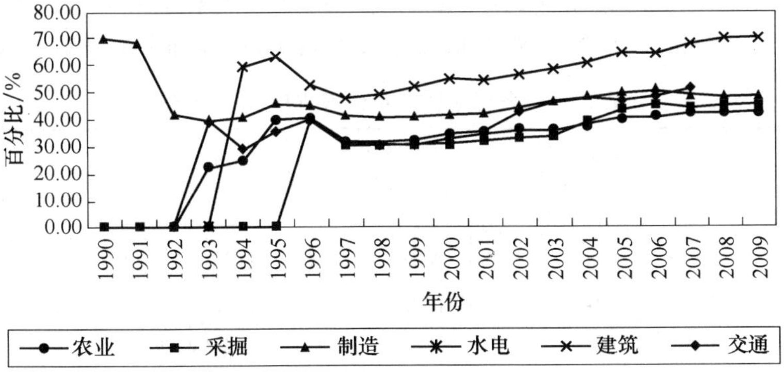

(a)

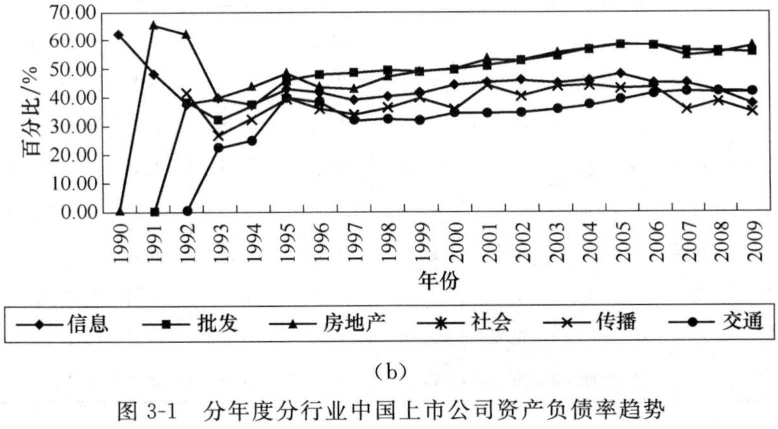

(b)

图 3-1　分年度分行业中国上市公司资产负债率趋势

1993年、1994年、1995年持续上升；1996年略有下降；1999—2009年间持续上升；2009年最高达到61.17%。2008年的行业平均资产负债率是1993年的2倍。建筑业(E)1994年平均资产负债率为59.08%，1995年平均资产负债率上升为62.09%，以后呈波动上涨趋势；2007年、2008年、2009年分别为68.08%、71.39%和70.74%。交通运输仓储业(F)1996—1999年间资产负债率一直呈略有下降趋势；1999—2008年间该行业资产负债率一直呈上升趋势；2008年达到最高，为42.83%。信息技术业行业(G)最初两年资产负债率较高，1992—2000年间该行业资产负债率的均值处于45%以下；2001—2008年间在45%～50%之间；2009年降为38.09%，波动幅度比较小。批发和零售贸易业(H)1993—1998年间资产负债率均值呈上升趋势，但基本处于50%以下；2000年以后在50%～60%之间；2000—2005年间呈增长趋势，2005年最高为59.27%。与其他行业相比，为资产负债率次高的行业。房地产业(J)1993—1995年间从40.17%迅速增长到49.40%；1996—2006年间从44.07%增长到59.42%，2006年最高；2007年下降了3.5个百分点；2008年、2009年又呈上升趋势。社会服务业(K)1992年资产负债率为19.78%；1993年平均资产负债率为20.15%；此后一直增长到1996年的36.25%；1997—1999年增长了3%；2000—2006年从34.38%增长到45.37%，2006年最高。传播与文化业(L)的上市公司数量最少，有上市公司14家，其资产负债率处于中间地位，该行业资产负债率的均值在30%～45%之间多次波动。从表3-11来看，资产负债率较高的行业分别是建筑业、批发业、制造业和房地产业，尤其是建筑行业的资产负债率在2002—2009年间始终保持最高；资产负债率从低到高的行业分别是采掘业、农业、交通业、水电和信息业，其中采掘业的资产负债率在1999—2003年间始终排名最后。从行业角度分析总体趋势，资产负债率波动较小，行业间分布比较稳定。

表3-11 各行业资产负债率排序(从高到低)

	排序										
年份	1	2	3	4	5	6	7	8	9	10	11
1996	建筑	批发	制造	房地	采掘	信息	农业	交通	传播	社会	水电
1997	批发	建筑	房地	制造	信息	水电	传播	社会	交通	农业	采掘
1998	批发	建筑	房地	制造	信息	传播	水电	农业	采掘	社会	交通
1999	建筑	房地	批发	信息	制造	传播	社会	水电	交通	农业	采掘
2000	建筑	房地	批发	信息	制造	传播	水电	交通	社会	农业	采掘
2001	房地	建筑	批发	信息	传播	制造	社会	农业	交通	水电	采掘
2002	建筑	房地	批发	信息	制造	农业	传播	水电	社会	交通	采掘
2003	建筑	房地	批发	制造	农业	信息	传播	水电	社会	交通	采掘
2004	建筑	房地	批发	制造	农业	信息	传播	水电	社会	采掘	交通
2005	建筑	批发	房地	制造	水电	信息	农业	社会	采掘	传播	交通
2006	建筑	房地	批发	水电	制造	农业	信息	采掘	社会	传播	交通
2007	建筑	批发	房地	水电	农业	制造	信息	采掘	社会	交通	传播
2008	建筑	水电	房地	批发	制造	农业	社会	信息	交通	采掘	传播
2009	建筑	水电	房地	批发	制造	采掘	农业	交通	社会	信息	传播

我国资产负债率高的行业为建筑业、房地产业、批发和零售贸易、制造业(45%～70%)；资产负债率低的行业为采掘业、交通运输仓储业、社会服务业(22%～45%)。与国外相比，由于我国采掘业和社会服务业大多是垄断企业，所以杠杆率低，而近几年我国建筑业和房地产业迅猛发展，这些企业利用高杠杆率使其净资产收益率得到更大的增长。

综上所述，资产负债率行业差异受行业因素、获利能力、资产结构、资产担保价值、资产流动性、企业规模、规模扩张、企业经营风险、非负债税盾、企业实际税率、成长性、收益质量、产品独特性、产生内部资源能力、股权结构等因素的影响。不仅如此，行业内杠杆作用率与盈利能力负相关，即不管什么样的行业，最赚钱的公司负债最少。如我国采掘业大多是资源开采型企业，其获利能力较强，产生内部资源能力就强，相应对外源融资的需求也就小。

2. 中国上市公司债券融资成本高于股权融资成本

企业融资的成本应包括以下几个部分。一是融资过程的费用，如申请费用、路演费用、发行费用等；二是上市费用；三是付息成本，这是融资成本的主要内容；四是融资风险，即债券或股票发行成功与否。一旦融资失败将给企业带来净损失。在中国，前两项费用，股票融资方式略高于债券融资，但债券融资的付息“硬约束”和中国独特的股票融资分红的“软约束”却使债权融资的成本大大高于股票融资的成本。债券融资合约要求按时还本付息，是一种“硬预算约束”，它增大了企业的财务风险，财务杠杆“双刃剑”的效应要求企业只有在资金利润率高于资金成本率(债务利息率)的前提下才能享受债务融资避税利益的好处。对于股票融资来说，长期以来股票发行的“卖方市场”和“赚钱效应”使股票发行到目前为止还很少遇到发行失败的先例。于是，增发股票，大比例送股、配股，让未来股东一起分担损失和风险，成为上市公司热衷之事。因此，从这个角度来看，上市公司的股权融资偏好是一种理性的融资行为。

3. 公司治理结构存在缺陷

公司股东、高层管理人员和债权人对公司的融资结构有不同的要求：股权资本的过度扩张会稀释股东权益，导致股票价格下跌，从而损害股东利益；而过度负债又必然会增加公司的财务危机成本和代理成本，直接威胁到高层管理人员的利益。公司治理结构是要解决所有权和经营权分离而产生的问题，即股东与管理者的关系问题。目前，我国上市公司的公司治理结构普遍存在缺陷，即所有者代表缺位，内部人控制现象突出；监督、制约功能薄弱。由于缺乏股东对公司的监控，导致对上市公司高层管理人员的约束机制很不健全，内部人控制必然导致公司行为更多地体现了高层管理人员的意志，而非股东的意志，上市公司的激励机制不健全，股票期权等方法几乎没有实施，高层管理人员从自身利益出发，必然注重短期利益，忽视公司的长远发展，放弃债权融资，选择股权融资。

4. 偿债保障机制尚未能有效建立

我国尚未建立有效的偿债保障机制，举债的激励机制没有得到发挥。虽然增加举债融资的比例是激励经营管理者的有效方式，但是，通过增加举债融资比例缓和经理与股东冲突的激励机制的有效实现是建立在有效的偿债保障机制之上。如果没有有效的偿债保障机制，举债融资的治理效应就不可能发挥出来，反而会变成经济中的消极因素。由于国有股作为第一大股东的公司所有者“代理链”过长或“所有者缺位”，造成产权模糊，企业经营者会利用这种产权不清晰的“资源”，形成强大的内部人控制。在这种情况下，国家一旦通过银行将资金注入企业，对企业资金的使用情况缺乏有效的监督，运用国家贷款进行高风险投资的现象屡屡发生。如果风险投资项目失败，就不能按期限偿还贷款，而国家为了收回以前的贷款不得不继续放款，企业中广泛存在着占用信贷资金的"人质"现象，银行实际上被企业所控制。由于银行自身产权不明晰，银行经营者没有动力监督企业，这种经营机制的最终后果就是企业的赖账行为与银行的高不良资产并存，企业自动履债机制严重缺乏。同时，我国的《破产法》得不到严格的执行，很难发生控制权的转移，即使发生控制权转移，也对经营者的货币与非货币收益没有产生真正的影响。所以，由于我国偿债保障机制尚未有效建立，举债融资发挥治理效应的条件在我国还不存在。

5. 上市公司股权高度集中，股权结构呈现"一股独大"

我国的上市公司大部分都是由国有企业改制而来。为保证公有制的主导地位，国有企业在实行股份制改造的过程中，由于主要采取剥离非核心资产，以原国有独资企业作为唯一发起人，组建股份有限公司进行首发公募的办法，使国有股在我国大部分上市公司中拥有高度集中的股权。1993—2004 年间不能流通的国有股和法人股所占比重一直徘徊在 65%左右，处于绝对控股地位，而在未流通股份中国家股股权处于绝对优势。随着 2005 年 5 月股权分置改革如火如荼地进行，市场不再存在非流通股与流通股之分，但股权分置改革并不旨在解决上市公司一股独大的问题。截至 2007 年 3 月 1 日，我国上市公司第一大股东持股平均值为 36.1%，中位数为 33.81%，其中第一大股东持股比例在 10%以下的为 19 家，10%～20%的为 170 家，20%～50%的为 937 家，50%以上的为 305 家。可以预见在相当长时期内，这一状况不会发生根本性改变。

股权集中度高，股权结构呈现"一股独大"现象主要有如下几个原因。

一是我国大部分上市公司是由原来的国有企业改制而来，改制之初，为了保证国有股的绝对控股地位，原来的国有企业占了很大一部分股份，这是出现"一股独大"现象的先天原因。

二是改制后的公司上市以后，为了保证国有股的控股地位，国家规定了国有股份为非流通股，这就限制了国有股的流通，断绝了国有股失去控股地位的可能性，这是出现"一股独大"现象的后天原因。

三是尽管从 2005 年开始实行了股权分置改革，但我国的国家性质决定了国有股不可能在短期内失去控股地位，外部力量也没有足够的财力和实力去接受这一数额庞大的国有股。

第4章　北京地区上市公司融资行为及特征分析

4.1　北京地区上市公司概况

4.1.1　北京地区公司上市的界定

北京市金融工作局和北京市证监局充分发挥“协调机制、政策机制、信息机制、合作机制、培训机制”5个机制作用，出台《关于进一步推动企业上市工作的意见》，全力推动本市企业上市工作。到2010年12月底，北京地区A股上市公司总数达到174家。根据中国证监会监管辖区统计标准，北京市上市融资工作创造了7个全国第一：主板上市公司115家，居全国第一；创业板上市公司24家，居全国第一；境外上市公司45家，居全国第一；上市公司总市值11.62万亿元，居全国第一；上市公司总股本1.91万亿股，居全国第一；上市公司首发融资、再融资1.07万亿元，居全国第一；证券公司客户证券投资余额1.4万亿元，居全国第一。2010年度新增首发公司36家，募集资金1 319.08亿元，17家公司进行了再融资，募集资金1 766.6亿元。北京辖区2010年度共募集3 085.68亿元，资本市场对北京的经济发展发挥了极大的拉动作用。

截至2012年3月末，北京地区A股上市公司总数达到204家，按照中国证监会监管辖区统计标准，上市数量保持全国第二。按上市板块划分，其中主板123家，中小板37家，创业板44家；按控股股东性质划分，其中央属81家，市属30家，民营90家，外地国资3家。北京地区企业上市潜力较大，已过会待上市企业10家，已进入辅导备案程序共157家。除了数量增长迅速，北京辖区上市公司对我国资本市场的影响力举足轻重。上交所95家上市公司总股本19 436.13亿股，占上交所总股本的64.52%；总市值101 924.04亿元，占上交所总市值的53.78%。深交所109家上市公司总股本528.31亿股，占深交所总股本的8.24%；总市值5 302.99亿元，占深交所总市值的7.49%。由此可见，北京辖区上市公司尤其是上交所挂牌公司总股本及总市值均占据全国的“半壁江山”，成为我国资本市场稳定健康发展的“定海神针”。北京辖区上市公司利用资本市场优化资源配置效果显著。2011年共有中国水电、新华保险等27家公司进行IPO，共募集资金517.69亿元。同时，辖区上市公司充分利用资本市场融资再发展。2011年共有大唐发电、中国玻纤、王府井等14家公司增发，共募集资金621.59亿元；中信银行实施配股，共募集资金175.61亿元；中国石化发行可转换债券，共募集资金230亿元；大唐发电、安泰科技以及华锐风电发行公司债，共募集资金64亿元。得益于资本市场发展的良好环境，北京辖区上市公司群体越来越大，多层次资本市场特点越来越明显。通过各上市公司自身的努力，公司治理程度不断提高，规范运作意识日益增强。无论是公司数量还是公司质量，北京辖区均走在全国前列。北京市金融局下一步的工作目标是，在保持全市A股上市公司数量全国第二的基础上，力争全国第一。未来将着力打造“两个板块”和“四个品牌”，即加速形成主板的“北京板块”和创业板的“中关村板块”，打造A股市场的“北京服务”、“北京文化”、“北京创造”、“北京农业”4个品牌。

4.1.2 样本公司界定及选取

本书研究范围。主体定位在北京地区注册上市的公司，剔除北京地区未上市的母公司所控制的外地子公司。同时，为了突出北京地区上市公司的特点，简化了行业划分的界限，针对北京市零售业、农业、制造业、电力行业、房地产和电子信息产业6大行业的上市公司作了详细分析。选取在沪深两地主板上市的北京地区169家上市公司近6年的数据进行研究，并采用中国证监会2001年4月发布的《上市公司行业分类指引》作为上市公司所属行业的分类标准。本书研究数据均以在我国沪深A股上市的北京地区上市公司年报为依据，经国泰安锐思(RESSET)数据库和清科集团数据库数据整理得到。同时，为了满足学习者和研究者对资料的查询和投资决策分析的需要，全书最后附带了北京地区上市公司相关财务指标的统计，详见附表3，供读者参考。

剔除样本。为统计的科学性与准确性，本书采用了相同的口径，剔除部分样本上市公司，依据如下。第一，金融类上市公司，因多为负债型，资产负债率较高；第二，ST或PT公司，这类公司大多数资产负债率超过1，扰乱计算结果；第三，资料不详的公司，为减少误差，剔除相应样本；第四，剔除创业板、中小板和三板上市企业，因统计标准不同。共剔除74家上市公司，详见附表1。

选取样本。目前沪深两市共有北京地区上市公司(又称北京板块上市公司)243家，剔除74家样本公司后，本书采用了169家上市公司作为样本，详见附表2。

4.2 北京地区上市公司行业分布特征和运行分析

本章对北京地区上市公司的整体行业及财务状况进行了分析，重点分析了2005—2010年各年度北京地区上市公司的相关财务指标，在内容及数据指标中均含剔除公司。

4.2.1 北京地区上市公司行业分布特征

本书研究对象包含各个行业具有代表性的龙头企业和大型国有企业，对这些企业的行业融资差异作深入分析可以为企业融资结构的选择提供更为合理实际的依据，行业内企业可根据本行业特点制定符合行业发展特征的资本结构。

根据中国证监会《上市公司行业分类指引》，北京地区上市公司的行业分布情况如表 4-1 所示。行业代码所代表的行业分别为：A——农、林、牧、渔业，B——采掘业，C——制造业，D——电力、煤气及水业，E——建筑业，F——交通运输仓储业，G——信息技术业，H——批发和零售贸易，I——金融业，J——房地产业，K——社会服务业，L——传播与文化业，M——综合类。

从表 4-1 的统计可以看出，在北京地区上市公司所属行业中，制造业和信息技术业的上市公司最多，分别达到了 89 家和 70 家，占上市公司总数的 36.9%和 29.1%，占据了北京地区上市公司的半壁江山。需要说明的是，在这 89 家制造业和 70 家信息技术产业上市公司中，绝大部分属于科技板块，这与北京市庞大的科技教育资源有非常大的关系。另外，从事房地产业、批发零售业和现代服务业的上市公司也比较集中，分别达到了 11 家、14 家和 11 家，分别占上市公司总数的 4.6%、5.8%和 4.6%。在剩余的 6 个行业中，除了传播与文化产业和综合类的上市公司数较少外，农业、电力、建筑业、交通运输业和金融业的上市公司分布在 4～10 家，占上市公司总数的 1.7%～4.1%。从整体来看，行业分布比较均匀。毫无疑问，上市公司为北京地区的经济发展作出了卓越的贡献，也为投资者带来了丰厚的回报。

表 4-1 北京地区上市公司行业分类情况

行业代码	企业数量	占比/%	行业代码	企业数量	占比/%	行业代码	企业数量	占比/%
A	4	1.7	F	5	2.7	K	11	4.6
B	9	3.7	G	70	29.1	L	3	1.25
C	89	36.9	H	11	4.6	M	3	1.25
D	5	2.07	I	10	4.1			
E	7	2.9	J	14	5.8			

（资料来源：RESSET 数据库和清科集团数据库数据整理得到。）

随着北京奥运会的成功举办以及后危机时代的到来，北京地区上市公司在资本市场的表现也异常活跃，为广大投资者带来了丰厚的回报。本书从第 5 章开始将围绕北京地区 6 类上市公司所处行业背景，通过对上市公司在各行业中所处地位、上市公司财务数据和融资偏好的情况，推断出北京地区上市公司资本结构及融资行为特征，为投资者提出参考依据，为进一步规范上市公司融资行为、提高融资效率提供重要的政策依据。

4.2.2 北京地区上市公司规模分析

北京地区上市公司 2005—2010 年各年度平均资产规模在 20 亿元以下的分别有 49 家、67 家、73 家、82 家、92 家和 148 家，数量最为集中；资产总规模在 20 亿～50 亿元的上市公司分别有 24 家、24 家、31 家、37 家、23 家和 26 家；资产总规模在 50 亿～100 亿元的上市公司分别只有 6 家、11 家、12 家、10 家、14 家和 15 家；资产规模在 100 亿元以上的上市公司分别有 14 家、18 家、21 家、25 家、33 家和 43 家。该数据表明北京地区上市公司的资产规模分布呈现哑铃状，如表 4-2 所示。

表 4-2　2005—2010 年度末北京地区上市公司资产规模及占比分布

总资产/亿元		0～5	5～10	10～20	20～30	30～40	40～50	50～60	60～100	>100
上市公司数	2005	5	20	24	9	9	6	3	3	14
	2006	24	18	25	6	11	7	5	6	18
	2007	48	5	20	18	8	5	3	9	21
	2008	59	6	17	24	6	7	2	8	25
	2009	63	16	13	12	5	6	6	8	33
	2010	123	12	13	11	10	5	7	8	43

(资料来源:RESSET 数据库和清科集团数据库数据整理得到。)

北京地区 2005—2010 年度末上市公司总股本平均值在 5 亿股以下的分别有 66 家、71 家、104 家、111 家、113 家和 169 家;在 10 亿元以上的分别有 14 家、16 家、19 家、21 家、27 家和 36 家。北京地区上市公司的总股本(注册资本)也呈现哑铃状分布。这主要是因为资产规模在 100 亿元以上的上市公司中包含了如工商银行、中国银行、中国石化、中国国航、华能国际、长江电力、大唐发电等全国性质的大型企业,而仅仅是因为注册地在北京。如果不考虑这方面的因素,北京地区上市公司的资产规模普遍偏小,大多数上市公司的资产规模在 50 亿元以下,同样总股本在 5 亿股以下的上市公司也占到了总数的 60%以上。如表 4-3 所示。

表 4-3　2005—2010 年度末北京地区上市公司总股本分布

总资产/亿元		0～1	1～2	2～3	3～4	4～5	5～6	6～7	7～8	8～9	9～10	>10
上市公司数	2005	8	20	17	11	10	6	4	1	1	1	14
	2006	17	17	14	13	10	6	4	2	2	1	16
	2007	50	15	13	13	13	5	3	2	3	1	19
	2008	59	12	17	9	14	8	6	3	3	2	21
	2009	65	8	17	8	15	8	6	2	4	2	27
	2010	121	12	12	9	15	9	4	3	4	8	36

(资料来源:RESSET 数据库和清科集团数据库数据整理得到。)

4.2.3　北京地区上市公司主营业务利润率分析

从上市公司的主营业务利润率的分布来看,北京地区 2005—2010 年度分别有 55 家、53 家、65 家、57 家、64 家和 89 家上市公司其主营业务利润率在 10%～30%之间;主营业务利润率在 40%以上的上市公司分别有 10 家、22 家、35 家、45 家、44 家和 75 家,这些上市公司的主营业务利润率表现非常突出;同样这 6 年中也分别有 14 家、16 家、13 家、21 家、22 家和 24 家的上市公司的主营业务利润率不足 10%,甚至主营业务利润出现亏损,具体分布如表 4-4 所示。

表 4-4 2005—2010 年末北京地区上市公司主营业务利润率分布

主营业务利润率/%		< 10	10～20	20～30	30～40	>40
上市公司数	2005	14	28	27	14	10
	2006	16	26	27	12	22
	2007	13	37	28	26	35
	2008	21	30	27	31	45
	2009	22	38	26	32	44
	2010	24	48	41	45	75

(资料来源:RESSET 数据库和清科集团数据库数据整理得到。)

以 2009 年和 2010 年为例,从主营业务利润率的排名情况来看,前十名的主营业务利润率较高,在 74%～91%之间,平均值达到了 81.8%,其中 2010 年最高的是爱迪科森股份有限公司(91.5%),2009 年最高的是金和软件(96.2%),从 2009 年和 2010 年两年的排名次序看,部分上市公司的主营业务利润率得到了大幅度提升,如圣博润、金和软件、爱迪科森等。后十名的主营业务利润率非常低,2009 年和 2010 年平均值分别为 3.7%和 3.2%,并且有恶化的趋势,如京东方 A、ST 中房、中国铝业、中农资源和五矿发展等。如表 4-5 所示。

表 4-5 2009 年度和 2010 年度主营业务利润率排名前后十名的比较

前十名			后十名		
名次	2010 年度	2009 年度	名次	2010 年度	2009 年度
	股票名称	股票名称		股票名称	股票名称
1	爱迪科森	金和软件	1	京东方 A	京东方 A
2	天助畅运	天助畅运	2	ST 中房	中国铝业
3	圣博润	东宝亿通	3	中农资源	五矿发展
4	金和软件	用友软件	4	五矿发展	北矿磁材
5	金润科技	莱富特佰	5	首钢股份	首钢股份
6	莱富特佰	圣博润	6	路桥建设	紫光股份
7	用友软件	博晖创新	7	中国铁建	路桥建设
8	五岳鑫	五岳鑫	8	航星股份	*ST 中服
9	指南针	康斯特	9	*ST 中服	中国中铁
9	康斯特	指南针	10	中国建筑	中国铁建

(资料来源:RESSET 数据库和清科集团数据库数据整理得到。)

4.2.4 北京地区上市公司每股收益分析

本书根据 2005—2010 年度末北京地区上市公司每股收益进行分析,得到了平均每股收益分别是 0.14 元、0.19 元、0.32 元、0.30 元、0.31 元和 0.37 元,平均每股收益率均有增长,说明北京地区上市公司 2005—2010 年的总收益情况每一年都好于前一年。从表 4-6 可以看出,2005—2010 年度分别有 9 家、6 家、6 家、16 家、13 家和 11 家公司处于亏损状态,同时也分别有 25 家、28 家、82 家、61 家、75 家和 99 家公司的年每股收益在 0.3 元以上,说明北京地区的上市公司贫富差异较大。另外，每股收益在0.1～0.3元的上市公司数量较集中，分别占2005—2010年度总数的62.3%、66.67%、36.4%、46.75%、45.68%和52.79%。

表4-6　2005—2010年度末北京上市公司每股收益分布

每股收益/元		亏损	0～0.15	0.15～0.3	>0.3
上市公司数	2005	9	37	22	25
	2006	6	42	25	28
	2007	6	30	21	82
	2008	16	45	29	61
	2009	13	44	30	75
	2010	11	67	56	99

（资料来源：RESSET数据库和清科集团数据库数据整理得到。）

以2009年和2010年为例，从每股收益的情况来看，前十名的每股收益较高，分别达到1.24元和1.4元，略有上升。其中2009年每股收益最高的分别是华锐风电(2.1元)和中国神华(1.87元)。从2009年度和2010年度的名次变化情况来看，中国神华、北京城建、福田汽车、中国铁建等每股收益提高幅度较大，而华锐风电、昊华能源、用友软件、首开股份和天地科技等在2010年未进入前十，上市公司每股收益出现明显下滑，王府井在2010年排名也下降至第十位。排在后十名的公司其每股收益全部为负值，2009年度和2010年度的平均值分别是－3.29元和－0.15元，但有明显的减亏现象，其中2009年度和2010年度最后一名均是指南针(0.67元和0.54元)，虽有减亏现象，但仍然亏损较高。具体排名及数据如表4-7所示。

表4-7　2009年度和2010年度每股收益排名前后十名的比较

前十名			后十名		
名次	2010年度	2009年度	名次	2010年度	2009年度
	股票名称	股票名称		股票名称	股票名称
1	中国神华	华锐风电	1	指南针	指南针
2	福田汽车	中国神华	2	国投中鲁	鹫峰5
3	北京城建	昊华能源	3	京东方A	*ST传媒
4	中国铁建	金和软件	4	东宝亿通	*ST北人
5	首都在线	北京城建	5	现代农装	北矿磁材
6	永瀚星港	福田汽车	6	诺思兰德	中国玻纤
7	天大清源	天地科技	7	胜龙科技	中国铝业
8	东土科技	王府井	8	ST中房	*ST新材
9	航天信息	用友软件	9	中机非晶	三元股份
10	王府井	首开股份	10	航天长峰	有研硅股

（资料来源：RESSET数据库和清科集团数据库数据整理得到。）

4.2.5　北京地区上市公司的资产负债率分析

2010 年年末，北京地区拥有 10 家银行股，它们是华夏银行股份有限公司、中国民生银行股份有限公司、北京银行股份有限公司、中国农业银行股份有限公司、中国工商银行股份有限公司、中国光大银行股份有限公司、中国建设银行股份有限公司、中国银行股份有限公司、中信银行股份有限公司、中国人寿保险股份有限公司。由于银行股高负债经营的特殊性，故在资产负债率的统计中数值较高，北京地区上市公司的负债水平普遍较低。通常认为，账面资产负债率的正常范围应该在 30%～70%之间。如果以此作为一个比较标准，北京地区上市公司的资产负债率都落在这个范围内。但北京地区上市公司在 2005—2010 年间的资产负债率分别为 49.57%、48.27%、44.8%、42.66%、43.18%、42%，已接近正常值的“下限”，且逐年呈现下降趋势，这说明上市公司的总体负债水平有所下降，但幅度很小。由于使用资产负债率指标时，人们通常将 70%作为一个分界线。资产负债率超过 70%的，财务风险急剧加大；资产负债率低于 70%的，财务风险在可以接受的范围内。从上市公司的资产负债率的分布来看，有近一半的上市公司其资产负债率在 50%以下，说明其财务风险较小。但是也有超过 10%的上市公司其资产负债率在 70%以上，说明北京地区上市公司的资产负债率状况也呈现出比较严重的两极分化，需要引起投资者的关注。另外，根据上市公司年报的资产负债率和资产长期负债率的对比，可以发现北京地区上市公司的债务资金来源，都严重依赖于短期负债。2005—2010 年北京地区上市公司资产负债率在 70%以上的分别有 14 家、17 家、12 家、13 家、16 家和 22 家，如表 4-8 所示。

表 4-8　2005—2010 年度北京上市公司资产负债率分布

资产负债率/%		<20	20～50	50～70	>70
上市公司数	2005	6	44	29	14
	2006	9	44	32	17
	2007	16	66	46	12
	2008	26	69	46	13
	2009	27	68	51	16
	2010	45	113	53	22

（资料来源：RESSET 数据库和清科集团数据库数据整理得到。）

以 2009 年度和 2010 年度的资产负债率为例，从其排名情况来看（由低到高），前十名的上市公司变化很大，2010 年度排名前十的公司除了盖特佳股份有限公司外，都被新公司替代，说明前十名的上市公司资产负债率不稳定，各上市公司的资产负债状况明显恶化；后十名的上市公司总体变化不大，其中大唐发电和路桥建设 2010 年度的资产负债率比 2009 年度显著下降，中关村和中国铁建的资产负债率显著提升，而中国国航的资产负债率在两年中的排名次序没有改变，如表 4-9 所示。

表 4-9　2009 年度和 2010 年度资产负债率排名(由低到高)前后十名的比较

名次	前十名		名次	后十名	
	2010 年度	2009 年度		2010 年度	2009 年度
	股票名称	股票名称		股票名称	股票名称
1	博雅英杰	东宝亿通	1	大唐发电	北方国际
2	维信通	中科国信	2	中国国航	中国国航
3	易生创新	盖特佳	3	翠微股份	中关村
4	极品无限	环拓科技	4	中关村	中国中铁
5	华欣远达	博晖创新	5	路桥建设	大唐电信
6	国学时代	莱富特佰	6	大唐电信	路桥建设
7	盖特佳	华北高速	7	北辰实业	中国铁建
8	中科国信	北科光大	8	中国铁建	中国玻纤
9	华北高速	中水渔业	9	中国水电	大唐发电
10	中科联众	中兴通	10	速原中天	华锐风电

(资料来源:RESSET 数据库和清科集团数据库数据整理得到。)

4.2.6　北京地区上市公司净资产收益率分析

北京地区 243 家上市公司的平均净资产收益率在 2005—2010 年间分别为 1.72%、6.54%、13.36%、9.58%、10.4%和 13.7%。尽管净资产收益率有显著增长,但净资产收益率的绝对值非常低,这主要是因为 6 年度中分别有 12 家、12 家、6 家、7 家、11 家和 12 家亏损股。进一步,如果我们剔除亏损股后,6 年度的平均净资产收益率指标会大为改善,并且有显著的增长幅度,而且绝对值远远高于 6%的再融资生命线。因为上市公司在实施配股获增发时,有一条最关键的要求就是上市公司在最近 3 个完整会计年度的净资产收益率平均在 10%以上(属于农业、能源、原材料、基础设施、高科技类的公司可以降低,但不低于 9%),上述指标计算期内任何一年的净资产收益率不得低于 6%。从上市公司的净资产收益率的分布来看,2005—2010 年度上市公司其净资产收益率不足 6%的分别有 45 家、40 家、39 家、34 家、42 家和 53 家。净资产收益率在 10%以上的数量较高。这说明北京地区上市公司的业绩两极分化情况比较严重,但总体来看,北京地区上市公司净资产收益一般。如表 4-10 所示。

表 4-10　2005—2010 年度北京地区上市公司净资产收益率分布

净资产收益率/%		亏损	0～6	6～10	>10
上市公司数	2005	12	33	21	27
	2006	12	28	20	42
	2007	11	28	41	74
	2008	7	27	47	73
	2009	11	31	30	92
	2010	12	41	45	135

(资料来源:RESSET 数据库和清科集团数据库数据整理得到。)

北京地区上市公司在近几年的净资产按账面价值计算的收益率与资产负债率的变化关系趋势相差不大，但上市公司的收益率水平随资产负债率的增加出现一个先增后减的趋势：当资产负债率在某个水平之下，收益率均值可以达到一个比较令人满意的程度；当资产负债率超过某个水平，收益率均值则陡减；甚至当资产负债率超过一个水平时，收益率为负值，呈现出极端恶劣的形态。以 2009 年和 2010 年度的上市公司为例，从净资产收益率的排名情况来看，前十名的净资产收益率较高，在 39.86%～55%之间分布，平均值达到了 47.4%，其中 2009 年最高的是华锐风电(73.62%)，2010 年最高的是泰诚信(201.47%)。从 2009—2010 年度的名次变化情况来看，首都在线的净资产收益率大幅度上升，而金和软件和东土科技的净资产收益率大幅度下降。后十名的净资产收益率全部为负数，两年的平均净资产收益率分别是－32.65%和－13.27%，情况有所好转，但不容乐观。其中 2009 年度和 2010 年度最后一名分别是＊ST 传媒(－94.43%)、指南针(60.16%)，情况非常严重。如表 4-11 所示。

表 4-11　2009 年度和 2010 年度净资产收益率排名前后十名的比较

前十名			后十名		
名次	2010 年度	2009 年度	名次	2010 年度	2009 年度
	股票名称	股票名称		股票名称	股票名称
1	泰诚信	华锐风电	1	指南针	＊ST 传媒
2	首都在线	金和软件	2	现代农装	鹫峰 5
3	北京航峰	鼎普科技	3	东宝亿通	＊ST 北人
4	京运通	东土科技	4	ST 中房	＊ST 中服
5	金和软件	林克曼	5	京东方 A	北矿磁材
6	华高世纪	天助畅运	6	诺思兰德	中国玻纤
7	东土科技	首都在线	7	国投中鲁	中国铝业
8	天大清源	东宝亿通	8	胜龙科技	三元股份
9	信维科技	九恒星	9	中机非晶	有研硅股
10	爱迪科森	康斯特	10	SST 华新	经纬纺机

(资料来源：RESSET 数据库和清科集团数据库数据整理得到。)

4.2.7　北京地区上市公司的现金债务总额比分析

现金债务总额比是经营性现金净流量与负债总额之间的比率。即使一个有着丰厚利润的企业，如果它没有足够的现金偿付债务，也将无法存续下去。因此，现金债务总额比是衡量企业财务风险的一项重要指标。经过我们统计分析，截至 2010 年年末，北京地区 243 家上市公司 2005—2010 年度的平均现金债务总额比分别为 18%、21.47%、25.75%、28.85%、40.93%和 41.77%。我们发现北京地区上市公司的现金债务总额比大幅度上升，说明 2005—2010 年度期间每一年的经营性现金流比上一年要宽松得多，资金周转不困难。进一步，从表 4-12 可以看出，2005—2010 年这 6 年中分别有 18 家、21 家、32 家、37 家、31 家和 58 家公司的现金债务总额比为负数。各年度的上市公司其现金债务总额比小于 10%的比例还较高，情况很严重。如表 4-12 所示。

表 4-12　2009—2010 年度北京地区上市公司现金债务总额分布

现金债务总额比/%		<0	0~10	10~40	40~60	>60
上市公司数	2005	18	18	43	7	7
	2006	21	26	36	11	6
	2007	34	34	55	14	17
	2008	37	35	51	12	19
	2009	31	35	60	16	20
	2010	58	47	70	21	37

（资料来源：RESSET 数据库和清科集团数据库数据整理得到。）

以 2009 年度和 2010 年度为例，从现金债务总额比的排名情况来看，前十名的现金债务总额比较高，大多在 100%以上。2009 年度和 2010 年度前十名的平均现金债务总额比分别为 48.44%和 64.42%，其中 2009 年度和 2010 年度最高的是东宝亿通和易生创新。从两年的名次变化情况来看，林克曼和金豪制药的现金债务总额比快速下降，而其他公司也在两年内非同时存在，说明前十名公司的现金债务总额比并不稳定；后十名公司在 2009 年度和 2010 年度中的现金债务总额比的平均值分别为 16.47%和 10.4%，情况向好的方向发展，其中 2009 年最后一名是指南针，2010 年最后一名是中科国信，公司现金债务总额比的发展情况非常严重。如表 4-13 所示。

表 4-13　2009 年度和 2010 年度现金债务总额比排名前后十名的比较

前十名			后十名		
名次	2010 年度	2009 年度	名次	2010 年度	2009 年度
	股票名称	股票名称		股票名称	股票名称
1	易生创新	东宝亿通	1	中科国信	指南针
2	极品无限	林克曼	2	德鑫物联	中科国信
3	林克曼	金豪制药	3	盖特佳	环拓科技
4	维信通	博晖创新	4	合纵科技	胜龙科技
5	华欣远达	康斯特	5	绵世股份	博朗环境
6	金豪制药	鼎普科技	6	金润科技	盖特佳
7	博雅英杰	金和软件	7	中机非晶	莱富特佰
8	信维科技	九恒星	8	东宝亿通	中机非晶
9	爱迪科森	工控网	9	莱富特佰	尚水股份
10	五岳鑫	中水渔业	10	中成股份	凯英信业

（资料来源：RESSET 数据库和清科集团数据库数据整理得到。）

4.2.8　北京地区上市公司的市盈率分析

由于亏损股的市盈率毫无意义，故我们在统计分析和排名中剔除了所有亏损股。北京地区上市公司（剔除亏损股）在 2005—2010 年度末的平均市盈率分别为 31.74 倍、36.97 倍、97.34 倍、13.77 倍、60.47 倍、52.26 倍，平均市盈率增长率远高于已知的北京地区上市公司平均每股收益增长率，市盈率大幅增长的主要原因是 2007 年股票价格出现大幅度上涨。从表 4-14 可以看出，2005—2010 年度的北京地区上市公司市盈率主要集中在 20 倍以下和 60 倍以上(不含亏损股)；6 年中，60 倍以上的北京地区上市公司市盈率最高上升到了 14.16%，其平均市盈率只有不到 12%，20 倍以下的比例上升到了 62.7%。在统计过程中，还发现 2008—2010 年度分别有 108 家、60 家和 100 家上市公司的市盈率为 0，其他年份如 2005—2007 年度也分别有 56 家、30 家和 10 多家上市公司的市盈率也为 0。所以，单从市盈率的角度来看，2008 年和 2010 年的投资风险比其他年份显著增加。

表 4-14　2005—2010 年度北京地区上市公司市盈率分布(剔除亏损的)

现金债务总额比/%		<20	20～30	30～40	40～60	>60
上市公司数	2005	34	22	9	21	7
	2006	38	11	11	30	12
	2007	58	12	9	30	45
	2008	94	19	8	29	4
	2009	74	13	19	37	19
	2010	146	12	14	28	33

(资料来源：RESSET 数据库和清科集团数据库数据整理得到。)

以 2009 年度和 2010 年度为例，从市盈率的排名情况来看(剔除亏损股)，前十名的平均市盈率在 617.5 倍和 569.9 倍，市盈率略有下降。其中 2009 年度市盈率最高的是西单商场，2010 年度市盈率最高的是中国玻纤；而两个年度最低的市盈率分别是中色股份、SST 华新。从 2009 年度和 2010 年度市盈率名次变化情况来看，西单商场、中国软件和中电广通三家公司的市盈率在 2010 年度下降幅度较大，而其他上市公司的市盈率在两年中前十名顺序均没有重复出现，这意味着 2009 年和 2010 年的股价上涨和下跌波动较大。后十名的上市公司其市盈率均为负数，且严重偏低，2009 年度和 2010 年度最低的市盈率是中色股份和 SST 华新，从两年度末市盈率的名次变化情况来看，北矿磁材和中国铝业两家上市公司的市盈率降幅最大，而其他上市公司的市盈率在两年中前十名顺序均没有重复出现。如表 4-15 所示。

表 4-15　2009 年度和 2010 年度市盈率排名前后十名的比较

前十名			后十名		
名次	2010 年度	2009 年度	名次	2010 年度	2009 年度
	股票名称			股票名称	
1	中国玻纤	西单商场	1	SST 华新	中色股份
2	航天长峰	三元股份	2	ST 兴业	中国玻纤
3	长源电力	中水渔业	3	中农资源	ST 中房
4	北京旅游	中国软件	4	中国铝业	航天长峰
5	中色股份	中电广通	5	北矿磁材	电子城
6	中国软件	大唐电信	6	京东方 A	北京旅游
7	华联股份	中金黄金	7	国投中鲁	有研硅股
8	中电广通	紫光股份	8	*ST 中服	北矿磁材
9	中国国航	国投中鲁	9	三元股份	京能置业
10	西单商场	中科三环	10	*ST 传媒	中国铝业

(资料来源：RESSET 数据库和清科集团数据库数据整理得到。)

4.3 北京地区上市公司融资结构分析

融资结构是指企业资金来源项目的构成及其比例关系，主要包括内源融资和外援融资两部分，前者主要是来自企业正常经营活动的现金流入，后者包括股权融资和债权融资。融资结构也是融资行为的结果。分析上市公司融资结构本质上是一种流量分析，而不是存量分析，其重点在于上市公司各年度资金来源情况。作为流量指标，在一定的时期企业融资的各个来源既可以表现为资金的净流入，也可以表现为资金的净流出。通过上市公司的融资结构，可以间接推断出它们的融资行为。在西方企业融资结构中，根据啄食顺序原则，企业融资方式的选择顺序首先是内部股权融资（即留存收益），其次是债务融资，最后是股权融资。而我国上市公的融资结构与融资结构理论及国外融资实践存在差异，融资选择顺序表现为股权融资、短期债务融资、长期债务融资、内源资本。上市公司在进行长期融资决策普遍存在“轻债务重股权”的股权融资偏好。

1. 北京地区上市公司具有强烈的股权融资偏好

经过二十多年的发展，中国资本市场已成为我国和北京地区上市公司融资的重要场所。我国一些学者的研究结果却表明，我国上市公司的内源融资比例是非常低的，外源融资比例远高于内源融资；而在外源融资中，对股权融资还有着特殊的偏好，即我国上市公司融资顺序首选股权融资，其次选择债务融资，最后选择内源融资。在债务融资顺序中，上市公司更加偏好短期负债融资而非长期负债融资，而企业利用发行债券进行融资的比例则极低。即我国上市公司具有明显的股权融资“偏好”，这种偏好与融资优序理论相反，这一现象称为上市公司的“融资悖论”。

表 4-16 和表 4-17 分别列出了北京地区上市公司和我国上市公司在非同一阶段内外源融资结构的平均变化情况。沿用国内学术界对内源融资的一般性统计方法，本书将内源融资的统计口径界定为未分配利润、折旧和盈余公积三者之和；外源融资分为股权融资和债务融资，其中，股权融资包括总股本和资本公积金，债务融资包括借款（含长期借款、短期借款和其他负债）与债券融资。

（1）从内外源融资关系看，优先选择外源融资，而非内源融资。

从内源融资和外源融资占比看，北京地区上市公司 2005—2010 年度的平均内源融资比例为 38.95％，内源融资比例最高的年份是 2005 年，为 75.9％，外源融资中股权融资比例最高的年份是 2010 年，为 83.14％。内源融资比例平均值远远低于外源融资中的股权融资比例和债务融资比例的平均值。这与我国上市公司的融资顺序一致，但有悖于融资优序理论。1998—2003 年度我国上市公司的平均内源融资比例为 27.58％，内源融资比例最高的年份为 34.23％，两者均低于北京市 2005—2010 年间 6 年的平均内源融资比例。上述结果表明，无论是北京市上市公司还是我国上市公司的内外源融资均呈现出显著的非均衡性，内源融资在融资结构中所占比率极低，企业对外源融资的依赖性非常强。

表 4-16　2005—2010 年度北京地区上市公司内外源融资结构　　　百分比/%

会计年度		2005	2006	2007	2008	2009	2010	平均
内源融资比例		75.9	49.9	2.96	39.8	46.18	19	38.96
外源融资比例	股权融资	7.68	21.46	37.3	56.35	13.78	83.14	36.62
	债务融资	50.99	49.96	78.88	38.4	58.12	29.92	51.05

（说明：为使采用的数据具有客观性，内源融资和外源融资 6 年的数据中剔除了 2～3 个因特殊原因导致某家上市公司的最高值或最低值而后计算得来。）

表 4-17　1998—2003 年我国上市公司内外源融资结构　　　百分比/%

会计年度		1998	1999	2000	2001	2002	2003	平均
内源融资比例		23.60	31.60	21.55	26.99	34.23	27.48	27.58
外源融资比例	股权融资	54.20	45.98	58.61	49.71	41.33	52.87	50.45
	债务融资	22.20	22.97	19.84	23.30	24.44	19.65	22.10

（资料来源：RESSET 数据库和清科集团数据库数据整理得到。）

(2) 外源融资中，债务融资比例高，而股权融资比例低。

表 4-18 列示了北京地区上市公司外源融资结构的平均变化情况。从外源融资结构来看，北京地区上市公司 6 年的平均股权融资比例为 36.62%，平均债务融资比例为 51.05%，债务融资比例高于股权融资比例，这与我国上市公司的融资顺序相反，但符合融资优序理论。我国上市公司 1998—2003 年的平均股权融资比例为 50.45%，平均债务融资比例为 22.10%，股权融资比例高于北京地区上市公司，债务融资比例低于北京地区上市公司。可以看出，北京地区上市公司在外源融资中，表现出与我国上市公司不一致的融资顺序，外源融资结构相对合理，均符合融资优序理论。

从外源融资结构发展趋势来看，我国上市公司的债务融资比例呈现逐年递增趋势，表明上市公司在自身积累能力逐渐增强的同时，对债务融资方式的运用越来越重视，而北京地区上市公司的债务融资比例呈逐年递减趋势，所以还需要增强其债务融资能力，使其融资行为日趋合理。

表 4-18　北京地区上市公司外源融资结构　　　百分比/%

会计年度	2005	2006	2007	2008	2009	2010	平均
股权融资	7.68	21.46	37.3	56.35	13.78	83.14	36.62
债务融资	50.99	49.96	78.88	38.4	58.12	29.92	51.05

（资料来源：RESSET 数据库和清科集团数据库数据整理得到。）

(3) 债务融资结构中，期限短的流动负债占绝对的主导地位。

表 4-19 统计描述了北京地区上市公司债务融资结构的平均变化情况。从债务融资期限结构来看，北京地区上市公司 6 年间流动负债占总负债的平均比率为 85.33%；流动负债占总资产的平均比率为 37.78%；长期负债占总资产的平均比率为 7.32%。期限短的流动负债占负债总额的绝对主导地位，而期限长的长期负债则只占一个较小的比重，这表明北京地区上市公司偏好期限短、流动性好的流动负债。北京地区上市公司在债务融资期限结构方面与我国上市公司总体上融资偏好一致，均偏好期限短、流动性好的流动负债。

表 4-19 2005—2010 年度北京地区上市公司债务融资结构 百分比/%

会计年度	2005	2006	2007	2008	2009	2010	平均
流动负债/总负债	84.33	86.24	84.7	85.08	84	87.63	85.33
流动负债/总资产	41.6	41.02	37.70	35.82	35.24	35.27	37.78
长期负债/总资产	8.4	7.25	7.12	6.84	7.94	6.37	7.32

(资料来源:RESSET 数据库和清科集团数据库数据整理得到。)

2. 北京地区上市公司融资结构的特征

(1) 外部股权融资的配股是北京地区上市公司再融资的首选方式。

留存收益和负债融资在上市公司的融资中仍处于次要地位。同时,获利能力高的企业,自身积累能力也强,可以相对较少地依赖负债融资。而且,由于10%的净资产收益率是获得配股资格的前提条件,因此,具有高获利能力的企业更易获得配股资格,取得配股资金,以满足资金需求,从而降低在融资顺序理论中处于保留盈余之后的负债融资的比重。这也是北京地区上市公司盈利水平高和负债率低同时存在的原因之一。

(2) 上市公司目前的负债水平偏低,未达到理想的负债水平。

北京地区上市公司经营状况总体良好,由于企业财务威胁小,且具有充分的偿债能力,因此在继续举债的情况下,企业可以进一步充分利用负债的税收屏蔽效益而减少所得税费用,所以收益率会随负债水平的增加而增加。数据统计的结果显示出很多北京地区上市公司目前还处于资本结构与净资产收益率正相关的范围内,这意味着上市公司目前的负债水平偏低,未达到理想的负债水平,仍具有进一步利用债务筹资的潜力,还可以通过增加负债在资金中的比例来增加净资产收益率。

(3) 上市公司短期负债水平偏高,存在较大的财务风险。

通过对比资产负债率及上市公司年报可以看出,北京地区的上市公司与其他上市公司一样都依赖于短期负债,长此以往,满足不了企业发展的长期资金需求。

(4) 上市公司在融资资金使用上具有跳跃性。

上市公司经营决策者的任期制使上市公司的发展战略因决策者的更换而经常发生变动,这使得上市公司在从属于企业发展战略上缺乏连贯性,在融资资金使用方面也具有明显的不连贯性。同时,在融资资金的使用上,也具有很大的随意性,如改变募股承诺、变更资金用途等问题相当严重。

总之,从当前的现实看,我国及北京地区上市公司重外源融资、轻内源融资;重股权融资、轻债务融资,表现出强劲的股权融资偏好。根据新优序融资理论,由于股票融资成本较高,因此成为企业融资方式的最后选择,排在内部融资和债务融资之后。在发达国家中,滚存利润是公司资金的主要来源,银行贷款大都是外部融资的主要来源,几乎所有发达国家都不会大幅度地提高从股票市场中的融资份额。只有基于较好的经营业绩,适度的股权扩张才是良性的和可维系的,过度地依赖于股权融资,必将对公司的经营和发展带来一系列的负面效应。

第5章　北京地区零售业上市公司融资结构分析

5.1　行业背景分析

随着零售商业在国民经济中作用的日益增强，对国民经济增长贡献率的扩大，零售商业已开始成为引导生产和消费的先导型行业。此外，由于国家经济危机往往都通过零售商业销售危机表现出来，所以零售商业的兴旺发展，已成为国家经济发展持续景气的必要条件。

改革开放30多年，中国零售业经历了从小到大、从封闭到开放、从单一到多元、从传统到现代的不断发展过程。零售业是全国最先开始市场化、最先实现市场化的产业。同时，中国在世界零售市场中的地位不断上升。“十一五”时期，国内广大零售企业面对复杂多变的国内外形势，企业坚持以满足人民群众消费需求为出发点，不断探索和创新营销模式，推动发展方式的转变，取得了令人瞩目的成绩。“十一五”期间全国消费品零售总额年均增长18.1%，成为改革开放以来增长最快的时期之一。到2010年，全国社会消费品零售总额已经达到了15.7万亿元，其中城镇实现消费品的零售额13.6万亿元，农村实现消费品零售额2.1万亿元，分别比2005年增长了1.3倍和1.1倍，平均增长18.4%和16.5%。2011年是“十二五”的开局之年，随着经济形势的变化，落实科学发展观，转变经济增长方式，调整经济结构成为经济工作的核心任务，作为国民经济重要组成部分的零售业，必须坚持以人为本，转变发展观念，创新发展模式，提高发展质量。2011年，我国消费品零售总额稳定增长，达183 919亿元，比上年增长17.1%。

未来几年，我国人均可支配收入将保持稳健增长，从而推动消费与零售持续快速增长，“十二五”期间，中国零售业将迎来高速增长阶段。因为个税制度改革，养老、医疗保险的不断完善，国内消费意愿将随着通胀的结束而大幅攀升，届时零售行业将迎来发展的黄金时期。

5.2　样本选取

选取沪深两地上市的北京市9家零售业上市公司2005—2008年共4个会计年度的数据作为样本进行研究（它们是中成股份、华联股份、华联综超、国药股份、西单商场、王府井、北京城乡、五矿发展和中国医药)，并对照选取了截至2009年2月全国64家零售业上市公司(包括北京)相同时间段的数据以作对比研究。本研究划分上市公司所属行业时采用的标准是中国证监会2001年4月发布的《上市公司行业分类指引》。为避免新股的影响，本研究选取的样本公司均为2002年之前包括2002年上市的A股公司，上市的年限较长，可以确保公司的行为相对成熟。本研究所用数据来源于样本上市公司公布的各个年度的年报，数据取自中国上市公司资讯网(www.enlist.com)和新浪网财经版(finance.sina.com.cn)。

5.3 融资结构与特点分析

1. 从内外源融资关系看，优先选择外源融资，而非内源融资

表5-1和表5-2分别统计了北京市零售业上市公司和我国零售业上市公司内外源融资结构的平均变化情况。沿用国内学术界对内源融资的一般性统计方法，本书(以下各章节内容均采用此标准)将内源融资的统计口径界定为未分配利润、折旧和盈余公积三者之和；外源融资分为股权融资和债务融资，其中，股权融资包括总股本和资本公积金，债务融资包括借款(含长期借款、短期借款和其他负债)与债券融资。

从内源融资和外源融资占比看，北京市零售业上市公司4年的平均内源融资比例为13.72%，内源融资比例最高的年份为15.86%，远远低于外源融资。这与我国上市公司的融资顺序一致，但有悖于融资优序理论。同期我国零售业上市公司的平均内源融资比例为9.99%，内源融资比例最高的年份为12.17%，两者均低于北京市4年的平均内源融资比例。上述结果表明，无论是北京市零售业上市公司还是我国零售业上市公司的内外源融资均呈现出显著的非均衡性，内源融资在融资结构中所占比率极低，企业对外源融资的依赖性非常强，而北京市零售业上市公司在内外源融资结构方面则优于同行业上市公司。

从内源融资和外源融资发展趋势看，无论是北京市零售业上市公司还是我国零售业上市公司的内源融资比例均呈逐年递增趋势(由于北京市研究样本少，个别年份出现背离现象不影响总趋势)，说明零售行业上市公司自身积累能力逐渐增强，对内源融资方式越来越重视。

表5-1 2005—2008年度北京地区零售业上市公司内外源融资结构 百分比/%

会计年度		2005	2006	2007	2008	平均
内源融资比例		13.10	12.85	13.06	15.86	13.72
外源融资比例	股权融资	38.36	40.28	39.01	30.19	36.96
	债务融资	48.54	46.88	47.93	53.96	49.33

(资料来源：RESSET数据库和清科集团数据库数据整理得到。)

表5-2 2005—2008年度我国零售业上市公司内外源融资结构 百分比/%

会计年度		2005	2006	2007	2008	平均
内源融资比例		8.49	8.88	10.43	12.17	9.99
外源融资比例	股权融资	29.97	29.15	27.32	24.71	27.79
	债务融资	61.55	61.97	62.25	63.12	62.23

(资料来源：RESSET数据库和清科集团数据库数据整理得到。)

2. 外源融资中，债务融资比例高，而股权融资比例低

表 5-3 和表 5-4 分别统计了北京地区零售业上市公司和我国零售业上市公司外源融资结构的平均变化情况。

从外源融资结构来看，北京地区零售业上市公司 4 年的平均股权融资比例为 42.77%，平均债务融资比例为 57.23%，债务融资比例高于股权融资比例，这与我国上市公司的融资顺序相反，但符合融资优序理论。同期我国零售业上市公司的平均股权融资比例为 30.84%，平均债务融资比例为 69.16%，股权融资比例低于北京地区零售业上市公司，债务融资比例高于北京地区零售业上市公司。可以看出，北京地区零售业上市公司在外源融资中，表现出与我国零售业上市公司一致的融资顺序，外源融资结构相对合理，均符合融资优序理论。

从外源融资结构发展趋势来看，无论是北京地区零售业上市公司还是我国零售业上市公司的债务融资比例均呈逐年递增趋势(由于北京地区研究样本少，个别年份出现背离现象不影响总趋势)，表明零售行业上市公司在自身积累能力逐渐增强的同时，对债务融资方式的运用越来越重视，其融资行为也日趋合理。

表 5-3　2005—2008 年度北京地区零售业上市公司外源融资结构　百分比/%

会计年度	2005	2006	2007	2008	平均
股权融资	44.14	46.21	44.87	35.87	42.77
债务融资	55.86	53.79	55.13	64.13	57.23

(资料来源:RESSET 数据库和清科集团数据库数据整理得到。)

表 5-4　2005—2008 年度我国零售业上市公司外源融资结构　百分比/%

会计年度	2005	2006	2007	2008	平均
股权融资	32.75	31.99	30.50	28.13	30.84
债务融资	67.25	68.01	69.50	71.87	69.16

(资料来源:RESSET 数据库和清科集团数据库数据整理得到。)

3. 债务融资结构中，期限短的流动负债占绝对的主导地位

表 5-5 和表 5-6 分别统计了北京地区零售业上市公司和我国零售业上市公司债务融资结构的平均变化情况。表 5-7、表 5-8、表 5-9 和表 5-10 分别统计了北京地区零售业上市公司和我国零售业上市公司长期负债结构的平均变化情况。

从债务融资期限结构来看，北京地区零售业上市公司 4 年间流动负债占总负债的平均比率为 96.17%，长期负债占总负债的平均比率为 3.83%，期限短的流动负债占绝对的主导地位，而期限长的长期负债则只占一个较小的比重，这表明北京地区零售业上市公司偏好期限短、流动性好的流动负债。同期我国零售业上市公司流动负债占总负债的平均比率为 92.77%，长期负债占总负债的平均比率为 7.23%。由此可见，北京地区零售业上市公司在债务融资期限结构方面与我国零售业基本相似，无论是北京地区零售业上市公司还是我国零售业上市公司均偏好期限短、流动性好的流动负债，这与我国上市公司的融资偏好一致。

而从长期负债来看，北京地区零售业上市公司 4 年间长期借款占长期负债的平均比率为 22.69%，而应付债券占长期负债的比率为 0；从公司数量角度的统计分析则显示，北京地区零售业上市公司 4 年间采用长期借款方式的公司数量平均为 1.25，采用债券融资方式的公司数量则为 0,这表明北京地区零售业上市公司在采用长期负债时,更多地选择长期借款,而对债券融资方式则极不重视。而对我国零售业上市公司的统计也显示,我国零售业上市公司在长期负债中更多地选择长期借款,而对债券融资方式的运用则较少。北京零售业在长期负债方式的选择上,与整个行业的表现基本一致。

从债务资金的来源看,北京地区零售业上市公司 4 年间的平均银行信用比率为13.7%,银行信贷是企业债务资金的主要来源。同期我国零售业上市公司的平均银行信用比率为35.03%,这表明北京地区零售业在银行信贷融资方式的使用上低于整个行业。

表 5-5　2005—2008 年度北京地区零售业上市公司债务融资结构　百分比/%

会计年度	2005	2006	2007	2008	平均
流动负债/总负债	97.61	96.05	92.60	98.42	96.17
长期负债/总负债	2.39	3.95	7.40	1.58	3.83
银行信用比率	23.69	8.75	8.60	13.76	13.7

(资料来源:RESSET 数据库和清科集团数据库数据整理得到。)

表 5-6　2005—2008 年度我国零售业上市公司债务融资结构　百分比/%

会计年度	2005	2006	2007	2008	平均
流动负债/总负债	93.85	92.27	91.86	93.09	92.77
长期负债/总负债	6.15	7.73	8.14	6.91	7.23
银行信用比率	40.92	35.16	32.08	31.96	35.03

(资料来源:RESSET 数据库和清科集团数据库数据整理得到。)

表 5-7　2005—2008 年度北京地区零售业上市公司长期债务融资结构　百分比/%

会计年度	2005	2006	2007	2008	平均
长期借款/长期负债	68.917	10.375	3.320	8.155	22.69
应付债券/长期负债	0	0	0	0	0

(资料来源:RESSET 数据库和清科集团数据库数据整理得到。)

表 5-8　2005—2008 年度我国零售业上市公司长期债务融资结构　百分比/%

会计年度	2005	2006	2007	2008	平均
长期借款/长期负债	86.422	76.321	69.649	78.280	77.67
应付债券/长期负债	0	0	3.455	0	0.86

(资料来源:RESSET 数据库和清科集团数据库数据整理得到。)

表 5-9　2005—2008 年度北京地区零售业上市公司长期债务融资公司数量

会计年度	2005	2006	2007	2008	平均
长期借款	2	1	1	1	1.25
应付债券	0	0	0	0	0

(资料来源:RESSET 数据库和清科集团数据库数据整理得到。)

表 5-10　2005—2008 年度我国零售业上市公司长期债务融资公司数量

会计年度	2005	2006	2007	2008	平均
长期借款	32	35	31	30	32
应付债券	0	0	1	0	0.25

(资料来源:RESSET 数据库和清科集团数据库数据整理得到。)

通过上述描述性统计,我们发现,北京地区零售业上市公司的融资顺序为首选债务融资,其次选择股权融资,最后选择内源融资。在债务融资顺序中,偏好短期负债融资而非长期负债融资,而利用发行债券进行融资的比例则极低。这与我国零售业上市公司的融资行为表现一致,但优于我国上市公司的融资行为。

第6章　北京地区制造业上市公司融资结构分析

6.1　行业背景分析

北京制造业经过50多年的发展，已经发展成为包括汽车、机械、医药、电子、化工、建材、冶金、纺织和食品等27种行业大类、421种行业小类的制造业。北京制造业主要包括电子信息产业、光机电一体化产业、生物工程与新医药产业、汽车产业及新材料产业等。在北京制造业中，高新技术制造业占很大比重。高新技术产业中电子信息产业一枝独秀，光机电一体化、生物医药等产业发展势头良好，但规模过小。在电子信息产品中，移动通信产品又“一品独大”。北京现代制造业产业结构的不均衡反映了其发展水平有待进一步提升，发展潜力较大。

我国制造业在科学发展观引领下，制造业总体质量水平稳步提高，行业和区域质量发展能力继续改善。例如2005年，根据对制造业中通信、机械、石化、纺织、医药、食品和印刷等29个行业中25万多家企业相关数据测算结果，全国制造业质量竞争力指数为78.98，实现了连续七年稳步上升。全国制造业质量竞争力指数与国内生产总值、国内生产中第二产业的增加值、社会消费品零售额、出口额等国民经济与社会发展指标的统计相关性显著，与出口额的相关系数更是高达91.0%。质量竞争力的稳步提高，有效地支撑了国民经济发展，促进了我国对外贸易。北京属于质量竞争能力较强的11个省份(江苏、福建、上海、广东、北京、重庆、天津、浙江、辽宁、山东和四川)之一，且名列第5位。

结合自身实际，北京确定了重点发展汽车、微电子、光机电一体化、生物工程与新医药这四大产业，力求打造多个支柱产业和有竞争力的现代制造业集群。总体来说，北京制造业产业集群主要特点有以下四个方面。一是以园区为载体。典型的中关村科技园产业带，2005年涵盖的企业达12 031家，从业人员达48.9万人，其下属的七个科技园区已经形成了各具特色的经济区域，如丰台园的光机电一体化产业占园区经济总量的31.7%，生物医药产业占园区经济总量的17%。二是市场集中度较高。制造业优势产业集群主要以大型企业为依托，尤其是优势产业，市场集中程度较高。以现代制造业为例，由于其行业门槛较高，导致市场结构较为集中。例如京仪控股，其产品的市场份额达到50%左右。三是产品附加值较高。由于北京拥有得天独厚的人力资源、智力优势，使其在产品研发、技术含量上相对于国内其他区域都略胜一筹，例如北京的微电子产业集群，由于其研发能力较高，因此占据了整个产业链的高端位置，产品附加值较高。四是缺乏发达的区域产业体系。目前北京制造业在环渤海经济区的区域集群程度不足，竞争力优势未能充分显现。在环渤海经济区中，北京、天津相对较为孤立，整个产业链有必要进行优化。

"十一五"时期是北京市抓住机遇，实现"新北京、新奥运"战略构想的关键阶段。在《北京市"十一五"时期产业发展与空间布局调整规划》中，明确提出了要"适度发展北京现代制造业"，具体要求是："加快具有自主知识产权的技术、名牌产品、龙头企业和支柱产业群的培育，形成龙头企业—产业链—产业群相互衔接的产业格局；充分发挥产业的聚集效应和区域比较优势，加快提升全市工业经济总量，提高工业整体素质和竞争能力；稳定提升汽车、装备制造、都市工业、石化新材料四大支柱产业，加快发展生物医药、新能源和再生材料等潜力产业，拓展优化建筑业"。从北京市"十一五"规划对制造业的要求中，可以看出，医药产业、装备制造业以及汽车等行业是北京市制造业未来发展的支柱产业。"十二五"期间，北京提出了深度推进产业升级，坚持高端、高效、高辐射的产业发展方向，以提升产业素质为核心，着力打造"北京创造"，显著增强北京经济的竞争力和影响力。提出了提升高技术和现代制造业发展水平的发展思路，主要内容包括：深入落实重点产业调整振兴规划，坚持高端发展方向，通过标准提升、业态创新、信息技术和组织结构创新等途径，着力发展高端现代制造业，改造提升传统制造业；延伸制造业产业链，促进工业化和信息化发展，增强产业配套能力和集群发展水平；实施重大项目带动战略，重点推进京东方八代线、长安汽车、北京现代三工厂、福田中重卡合资项目、中航工业园、北京数字信息产业基地等重大项目建设，提升电子信息、汽车、装备制造、医药等产业发展水平；总结推广望京等地区发展的成功经验，促进研发、制造、总部一体化发展。

截至 2012 年 3 月底，在北京地区 204 家 A 股上市公司中有 89 家是制造业上市公司，是北京地区上市公司中数量最多的一类，形成了以装备制造、汽车、生物医药、新能源等产业为主的北京现代制造业的新格局。本研究采用了 169 家样本中的 63 家制造业上市公司进行分析，由于北京地区制造业上市公司数量最多，且涵盖多产业，因此，本研究对北京地区制造业上市公司的融资行为及资本结构的分析采用实证分析法。又因本研究采用的实证分析方法中对财务数据的全面性要求，因此，时间采用了 2000—2007 年的财务数据，其他方面的调整详见 6.2 节。

6.2　实证研究

6.2.1　样本选取与变量定义

本研究选取了在深、沪证券交易所 A 股股票市场上市的北京地区制造业上市公司 2000—2007 年共计 8 年的财务数据。考虑到 ST 公司的上市公司资产负债率影响因素的异化，选择样本时剔除了 ST 及 *ST 公司；因需要 A 股市场上的股价以计算托宾 Q 值，还剔除了双鹭药业等 10 家公司在未正常上市前的若干年数据，最终被纳入研究样本的有 29 家北京地区制造业上市公司的 18 条数据。本研究所有上市公司财务数据均收集整理自上市公司年报，所用分析软件为 SPSS 13.0。

资本结构作为因变量，使用的是资产负债率，即负债总额/总资产，都采用年报中的账面价值，这主要考虑到我国的现实情况。债券市场不发达，企业融资多以借款的形式进行债务融资，甚至短债长借，因此无法使用短期负债率或长期负债率来描述资本结构；所选样本区间存在非流通股无法正确计算其市场价值，因而采用较保守的账面价值来计算。资本结构影响因素可以从宏观因素、产业因素和公司特征因素三个层面进行研究。本研究按照国内外对资本结构进行分行业研究的趋势，从微观层面就公司特征因素对北京地区制造业行业资本结构影响因素进行探讨。同时，借鉴国内外学者对资本结构影响因素实证分析中对相关变量的界定，结合制造行业的特点，分析以下因素对资本结构的影响：规模、成长性、获利能力、经营风险、非负债税盾、资产担保价值和股权集中度。变量的量化与具体定义如表 6-1 所示。

建立多元线性回归模型如下。

$$Y=\beta_0+\beta_1 X_1+\beta_2 X_2+\beta_3 X_3+\beta_4 X_4+\beta_5 X_5+\beta_6 X_6+\beta_7 X_7$$

表 6-1　变量的量化与具体定义

变量名称	变量符号	变量定义
资本结构	Y	资产负债率＝总负债/总资产
规模	X_1	主营业务收入的自然对数＝ln(主营业务收入)
成长性	X_2	托宾 Q 值＝股数×股价/总资产
获利能力	X_3	资产净利率＝净利润/总资产
经营风险	X_4	经营风险＝主营业务收入标准差/各年主营业务收入均值
非负债税盾	X_5	非负债税盾＝累计折旧/总资产
资产担保价值	X_6	资产担保价值＝(存货＋固定资产)/总资产
股权集中度	X_7	国有股持股比例＝所有国有股/总股本

（资料来源：RESSET 数据库和清科集团数据库数据整理得到。）

6.2.2　实证检验

1. 解释变量相关性检验

解释变量相关性检验(表 6-2)。由表 6-2 可以看出，规模与托宾 Q 值的独立性是最好的，基本上与其他几个指标显著不相关。非负债税盾指标的相关系数为 0.462，表示其与其他指标有一定的信息重叠。但所有 7 个变量指标的相关系数均小于 0.5，证明各解释变量之间不存在共线性关系。

表 6-2　解释变量相关性检验

相关变量	X_1	X_2	X_3	X_4	X_5	X_6	X_7
X_1	1.000	0.284	0.150	1.000	0.341	0.246	0.015
X_2	−0.284	1.000	0.019	0.212	0.042	0.088	0.129
X_3	0.190	0.019	1.000	0.191	0.062	0.077	0.063
X_4	−0.150	0.212	0.191	1.000	0.075	0.071	0.203
X_5	0.341	0.042	0.062	0.075	1.000	0.408	0.081
X_6	0.246	0.088	0.077	0.071	0.408	0.117	1.000
X_7	0.015	0.129	0.063	0.203	0.081	0.117	1.000

（资料来源：RESSET 数据库和清科集团数据库数据整理得到。）

2. 逐步回归分析与结果

本研究选用逐步回归分析方法，自变量引入回归方程的标准是该变量系数的显著性检验 F 统计量的相伴概率值小于 0.05，退出回归方程的标准是该变量系数的显著性检验 F 统计量的相伴概率值大于 0.1。根据样本数据，采用 SPSS 13.0 统计软件结果如表 6-3 和表 6-4 所示。

表 6-3　逐步回归分析有效性[a]

模型	R 值	R 方（拟合优度）	调整 R 方（拟合优度）	估计标准差	变化统计		
					R 方变化	F 值变化	显著水平变化
7	0.627	0.393	0.369	13.23%	0.014	4.187	0.042

Predictors：规模、获利能力、非负债类税盾、经营风险、成长性、股权集中度、资产担保价值

a：简单起见，仅列示逐步回归的最终结果。

（资料来源：RESSET 数据库和清科集团数据库数据整理得到。）

表 6-4　解释变量有效性及参数[b]

模型	非标准化系数		Beta 回归系数	t 检验的值	显著水平	共线性统计	
	B	Std. Error	Beta			容差	VIF 值
7(Constant)	−77.669	16.570		−4.687	0.000		
规模	5.376	0.794	0.470	6.768	0.000	0.738	1.354
成长性	−1.646	0.435	−0.242	−3.786	0.000	0.875	1.143
获利能力	−0.203	0.053	−0.243	−3.841	0.000	0.890	1.124
经营风险	−7.805	2.692	0.185	2.899	0.004	0.871	1.148
非负债类税盾	−42.763	11.487	−0.257	−3.723	0.000	0.746	1.341
资产担保价值	0.187	0.075	0.168	2.498	0.013	0.792	1.262
股权集中度	0.104	0.050	0.131	2.098	0.037	0.916	1.092

b：简单起见，仅列示逐步回归的最终结果。

（资料来源：RESSET 数据库和清科集团数据库数据整理得到。）

从表 6-3 可以看出，进入模型的变量依次是规模、获利能力、非负债类税盾、经营风险、成长性、股权集中度、资产担保价值。模型 7 的复相关系数为 0.627，判定系数为 0.393，调整后的判定系数为 0.369，F 值为 19.767，显著性水平小于 0.05。这些数据均说明模型对样本观测值的拟合程度较好。根据表 6-3、表 6-4，t 值绝对值均大于 2，显著性水平均小于 0.05，说明这 7 个变量对资本结构（资产负债率）的影响是显著的。

综上所述，北京地区制造业上市公司的规模、成长性、获利能力、经营风险、非负债税盾、资产担保价值和股权集中度这 7 个因素对资本结构有显著影响，其影响程度大小依次是：规模、获利能力、非负债类税盾、经营风险、成长性、股权集中度、资产担保价值。其中获利能力、成长性、非负债类税盾、经营风险 4 个因素与资产负债率负相关，规模、股权集中度、资产担保价值与资产负债率正相关。公司规模与资本结构显著正相关，与国内大部分研究成果相同。企业规模越大，越容易实施多元化经营，抗风险能资较少。经营风险与资本结构正相关，经营风险越高，资产负债率越高，原因主要是对于企业来说，经营风险低就可以更容易地

获得银行贷款或者发放债券。成长性与资本结构显著负相关。代理理论认为，权益控制型公司的次优投资倾向使得股东侵占公司债权人的利益，且随着公司成长机会的增加，股东和债权人之间的利益冲突增大，这样，债务的代理成本也会随之提高，所以，成长性高的公司往往选择较低的资产负债率。根据权衡理论，高成长性的公司往往破产成本也较大，因此这些公司通常优先选择股权融资，成长性与资产负债率负相关。股权集中度与资本结构显著正相关，与国内大部分研究成果相同。资产担保价值与资本结构显著正相关。在北京地区制造业中，资产担保价值这一因素对资本结构的影响显著，原因可能是制造业企业的固定资产具有比较强的专业性。

第7章 北京地区农、林、牧、渔业上市公司融资结构分析

7.1 行业背景分析

改革开放三十多年，我国农业和农村经济正发生重大而深刻的变化，农业正处于由传统向现代转变的关键时期。促进农村社会和谐，首先要发展农村生产力。推进新农村建设，受邀任务是建设现代化农业。2006年12月中央农村工作会议上明确指出，我国发展现代农业总的思路和目标是：用现代物质条件装备农业，用现代科学技术改造农业，用现代产业体系提升农业，用现代经营形式推进农业，用现代发展理念引领农业，用培养新型农民发展农业，提高农业水利化、机械化和信息化水平，提高土地产出率、资源利用率和劳动生产率，提高农业素质、效益和竞争力。为此，当前和今后一个时期，要重点抓好六个方面工作：一是完善现代农业的产业体系建设；二是务必高度重视并切实抓好粮食生产；三是加快构筑现代农业的产业体系；四是着力提高现代农业的设施装备水平；五是不断强化现代农业的科技和人才支撑；六是大力加强现代农业的市场体系建设。作为首都，北京担负着率先基本实现现代化，率先走向全面小康，面向全国发挥示范作用的责任。而农业、农村的发展在北京有独特而十分重要的位置。北京市面积为1.68万平方千米，而市区只有1 040平方千米，郊区占总面积的90%以上，更有多达3 987个自然村。首都率先实现现代化，最繁重、最艰巨的任务在郊区。

“十一五”时期，为了推进社会主义新农村建设的步伐，北京将从小城镇建设、农村社会保障体系、基础设施建设以及民主法制建设等方面来加强农村的整体推进。重点发展高效生态农业和观光休闲农业；推进农业的标准化生产、产业化经营和规模化发展，着力创造满足市场多样化需求的产品，深度开发特色农产品的国内外市场；进一步加强农村基础设施建设，创新农田水利建设机制，改善农业生产条件；积极培育龙头企业，加快发展专业合作组织，不断提高农业的组织化程度；大力发展农村二、三产业，重点发展休闲旅游、农产品加工等特色产业，继续扩大郊区现代流通网络，鼓励中小服务企业发展；全面落实各项惠农政策，逐步加大扶持力度，努力增加农民收入，力争到2010年农民人均收入达到1万元。

北京市“十二五”规划中提出，推进都市型现代化农业发展。强化农业基础地位，严格保护耕地和基本农田，加强农业基础设施建设；提高农业综合生产能力、抗风险能力、市场竞争

能力；加快转变农业发展方式，适应特大城市发展需要，突出首都农业的城市农产品供应和应急保障、生态休闲、科技示范等功能；推进“221”信息平台建设，大力发展籽种农业、休闲农业、循环农业、会展农业、设施农业、节水农业等都市型现代农业；切实加强“菜篮子”工程等农产品基地建设，全面提升蔬菜等鲜活农产品供应保障和质量安全水平；全面加强面向农业的技术服务、金融服务、信息服务和市场服务；促进农业生产经营的专业化、标准化、规模化和集约化，提升农业附加值，促进农民增收；培育大型农业企业集团和农民专业合作社，支持符合条件的农业企业上市，推进农业企业的集团化、资本化；加快国家现代农业科技城建设，打造“一城多园”的空间布局。

农业上市公司作为农业企业中整体实力和经营状况相对较好的一部分，是我国农业产业化的先驱，对我国农业发展有着不可忽视的引导作用。因此，研究农业上市公司的经营投资状况，分析其优势和存在的问题，是剖析农业企业整体发展状况的一个切入点，也是深入探究农业企业投资行为的特点和规律的有效途径。根据中国经济社会发展统计数据库（中国知网），截至 2010 年，我国农业类上市公司有 62 家，剔除无交易数据 6 家，共计 56 家，占上市公司总数的 3%。农业上市公司年平均总市值 862.28 亿元，只占整个市场的 0.73%，远低于其他行业门类市值占比，这与我国 GDP 中农业占 17%的比重和国家加强农业基础地位的产业导向极不相称。

从资产状况来看，我国农业上市公司 1993—2010 年年平均总市值 862.28 亿元，占股票市场上市公司总市值 0.73%，56 家上市公司平均市值 15.39 亿元。选取证监会行业分类中有代表性行业与农业上市公司进行横向比较，如表 7-1 所示，采掘业上市公司的平均市值规模是农业上市公司近 20 倍，食品类是其近 4 倍，金融保险类是其 25.21 倍。仅从股票市场资本规模来看，农业类上市公司规模小，上市公司数量少，与其经济发展基础地位极不相称。1993—2010 年农业上市公司股票市场资产规模平均增长速度为 87.33%，高于食品类（43.53%）、机械设备仪表类（38.64%）、金融保险类（83.05%）、房地产类（32.91%）以及综合类（24.83%），通过行业间的横向比较可以看出，农业上市公司的资产规模整体上处在一个高速扩张阶段。从股本结构来看，农业上市公司以小盘居多，国有股和公司法人股控股占比较大。我国农业上市公司平均总股数为 3.22 亿股，流通股总股数 2.42 亿股，占总股数比例 75.16%；公司国有股 0.65 亿股，占比 20.2%；公司法人股 0.73 亿股，占比 22.8%；持股数 0.11 亿股，持股数占总股本比例的3.62%。绝大多的农业上市公司的总股数在 4 亿股以下，总股数相对偏小。

表 7-1　1993—2010 年度股票市场资产规模

	农业类	采掘业	食品饮料	机械设备仪表	金融保险	房地产	综合类
年平均市值/亿元	862.28	18 185.94	4 307.29	11 768.68	22 604.03	5 785.44	2 909.62
年平均市值占比/%	0.73	15.48	3.67	10.02	19.25	4.93	2.48

（资料来源：中国知网中国经济社会发展统计数据库。）

7.2　样本选取与变量定义

根据《中国证券监督管理委员会》2001 年 4 月 3 日颁布的《中国上市公司行业分类指

引》(以下简称《指引》)的规定,上市公司的分类原则是将上市公司经营业务中营业收入比重最高的业务所属产业作为该上市公司的类属。当公司某类业务的营业收入比重大于或等于50%,则将其划入该业务相对应的类别。当公司没有一类业务的营业收入比重大于或等于50%时,如果某类业务营业收入比重比其他业务营业收入比重均高出 30%,则将该公司划入此类业务相对应的行业类别;否则,将其划为综合类。研究所指的农业上市公司是指《指引》所定义的农、林、牧、渔业及农、林、牧、渔服务业。经过筛选共选取中水渔业(000798)、顺鑫农业(000860)、中牧股份(600195)、三元股份(600429)、国投中鲁(600962)5 家公司。在样本的时间跨度筛选上,限于数据的可获得性,为了能够最大限度地反映农业上市公司的资本结构变化状况,选取了样本公司从 2005—2009 年的数据,以期通过 5 年的季度面板数据对上市公司进行分析。

研究采用的数据主要来源于各上市公司的年报、上海证券交易所网站(www.sse.com.cn)、国泰君安证券网站(www.gja.com)、证券之星网站(www.stockstar.com),各公司年报由北京联合大学经贸实验中心 RESSET 数据库经整理得到。农业上市公司市值总资产所采用的股票价格为年度最后一个交易日的收盘价,数据来源于国泰君安证券网站。

7.2.1　融资结构与特点分析

表 7-2 统计了北京地区农业上市公司内外源融资结构的平均变化情况。沿用国内学术界对内源融资的一般性统计方法,本研究将内源融资的统计口径界定为未分配利润、折旧和盈余公积三者之和;外源融资分为股权融资和债务融资,其中,股权融资包括总股本和资本公积金,债务融资包括借款(含长期借款、短期借款和其他负债)与债券融资。

从内源融资和外源融资占比看,北京地区农业上市公司 5 年的平均内源融资比例为110.48%,内源融资比例最高的年份为 283.12%,远远高于外源融资,符合融资优序理论。上述结果表明,北京地区农、林、牧、渔业上市公司的内外源融资呈现出显著的均衡性,内源融资在融资结构中所占比率极高,企业对外源融资的依赖性不强。从相关官方数据显示,北京地区农、林、牧、渔业上市公司在内外源融资结构方面优于同行业上市公司。

从内源融资和外源融资发展趋势看,北京地区农、林、牧、渔业上市公司的内源融资比例呈逐年递增趋势(由于北京地区研究样本少,个别年份出现背离现象不影响总趋势),说明农业发展行业上市公司自身积累能力逐渐增强,对内源融资方式越来越重视。

表 7-2　2005—2009 年度北京地区农、林、牧、渔业上市公司内外源融资结构　百分比/%

会计年度		2005	2006	2007	2008	2009	平均
内源融资比例		30.07	138.41	283.12	75.13	25.69	110.48
外源融资比例	股权融资	5.15	16.98	50.19	46.67	18.82	27.56
	债务融资	64.77	−55.4	−233.31	71.53	55.49	−19.38

(资料来源:RESSET 数据库和清科集团数据库数据整理得到。)

表 7-3 统计了北京地区农、林、牧、渔业上市公司外源融资结构的平均变化情况。从外源融资结构来看,北京地区农、林、牧、渔业上市公司 5 年的平均股权融资比例为 23.21%,平均债务融资比例为 76.79%,债务融资比例高于股权融资比例,这与我国上市公司的融资

顺序相反，但符合融资优序理论。可以看出，北京地区农、林、牧、渔业上市公司在外源融资中，表现出与我国农业发展上市公司一致的融资顺序，外源融资结构相对合理，均符合融资优序理论。

从外源融资结构发展趋势来看，北京地区农、林、牧、渔业上市公司的债务融资比例呈不稳定但占比较高的趋势，表明农、林、牧、渔业上市公司在自身积累能力方面，对债务融资方式的运用比较重视，融资行为也在逐渐成熟。

表 7-3　2005—2009 年度北京地区农、林、牧、渔业上市公司外源融资结构　百分比/%

会计年度	2005	2006	2007	2008	2009	平均
股权融资	11.10	−20	51.94	27.86	45.13	23.21
债务融资	88.90	120	48.06	72.14	54.87	76.79

（资料来源：RESSET 数据库和清科集团数据库数据整理得到。）

表 7-4 统计了北京地区农、林、牧、渔业上市公司债务融资结构的平均变化情况。从债务融资期限结构来看，北京地区农、林、牧、渔业上市公司 5 年间流动负债占总负债的平均比率为 94.93%，长期负债占总资产的平均比率为 2.1758%，短期负债占总资产的平均比率为 37.938%，期限短的流动负债占绝对的主导地位，而期限长的长期负债则只占一个较小的比重，这表明北京地区农、林、牧、渔业上市公司偏好期限短、流动性好的流动负债。由此可见，北京地区农、林、牧、渔业上市公司在债务融资期限结构方面与我国零售业基本相似，北京地区农、林、牧、渔业上市公司偏好期限短、流动性好的流动负债，这与我国上市公司的融资偏好一致。

而从 5 家农业发展类上市公司年报来看，北京地区农、林、牧、渔业上市公司 5 年间在采用长期负债时，更多地选择长期借款，而对债券融资方式则极不重视，与我国农、林、牧、渔业类整个行业的表现基本一致；从债务资金的来源看，北京地区农、林、牧、渔业上市公司 5 年间的平均银行信用比较高，这表明北京地区农、林、牧、渔业上市公司在银行信贷融资方式的使用上高于整个行业。

表 7-4　2005—2009 年度北京地区农、林、牧、渔业上市公司债务融资结构　百分比/%

会计年度	2005	2006	2007	2008	2009	平均
流动负债/总负债	96.36	94.08	96.98	95.71	91.52	94.93
流动负债/总资产	36.05	36.37	42.35	41.40	33.52	37.938
长期负债/总资产	1.40	2.66	1.23	2.019	3.57	2.1758

（资料来源：RESSET 数据库和清科集团数据库数据整理得到。）

通过上述描述性统计，我们发现，北京地区农、林、牧、渔业上市公司的融资顺序为首选内源融资，其次选择债务融资，最后选择股权融资。在债务融资顺序中，偏好短期负债融资而非长期负债融资，而利用发行债券进行融资的比例则极低。这与我国农、林、牧、渔业上市公司的融资行为表现一致，但优于我国上市公司的融资行为。

7.2.2　实证分析

本研究除以统计描述方法阐释北京地区农、林、牧、渔业上市公司融资行为外，还以北京地区农业类上市公司为研究对象，选取2005—2009年季度数据建立面板数据模型，对北京地区农业上市公司资本结构及影响因素进行实证分析，以此来揭示当前农业上市公司资本结构的现状及其内在关系，以期为今后北京地区农、林、牧、渔业上市公司的进一步发展提供启示和借鉴。

(1) 变量设定。理论上的资本结构影响因素，很少存在唯一的反映指标，一般情况是一个因素可能有多个指标来反映，且不同指标的信息含量也有所差异，根据对资本结构影响因素的理论分析，结合已有的实证研究和多个指标间的相关性检验，确定以下列影响因素指标进行回归分析。具体包括：市值资产负债率(MAL)、企业规模(Size)、企业的成长性(Growth)、企业的非债务节税因素(Ndtsd)、固定资产与总资产之比(Fta)、企业的资产报酬率(Roa)(采用企业总资产报酬率来表示盈利能力)、企业的实际税率(Rrt)、企业的经营风险(Risk)、流通股(Pcs)等。

(2) 模型选择。首先要对模型的设定形式进行检验，主要检验模型参数在所有横截面样本点和时间上是否有相同的常数，通过协方差分析检验的方法确定应选取变截距模型。利用面板数据建立的模型主要有混合效应模型、固定效应模型和随机效应模型，需要进行F检验和Hausman(豪斯曼)检验。F检验拒绝原假设，说明固定效应回归模型比混合回归模型合理。Hausman检验拒绝原假设，说明与随机效应回归模型相比，固定效应回归模型更合适。同时研究选取的样本包含所有北京地区农、林、牧、渔业上市公司，研究也是针对样本自身，所以用固定效应回归模型更能准确地反映出样本的各项特征，因此采用固定效应模型进行分析，如公式7-1所示。

$$y_{ij}=\alpha_i+\beta'_1 x_{ij}+u_{ij}\quad (i=1,2,\cdots,N;j=1,2,\cdots,J) \tag{7-1}$$

式中，α_i 代表不同公司的个体变量；u_{ij} 代表随机误差项，满足正态性假设且独立分布；x_{ij} 独立分布于 u_{ij}。α 和 β_1 不随 i,j 变化。固定效应模型假定不可观测的公司特征不随时间变化，而公司之间的差异主要体现在回归模型的常数项参数 α_i 上。

(3) 结果与分析。如表7-5所示，反映上市公司市值资产负债率的模型有着较高的整体拟合度，调整后的拟合度为0.918，模型的DW值为1.862，表明残差间存在较弱的序列相关。对各因素的具体分析如下。

表7-5　市值资产负债率的影响因素回归结果

影响因素	回归系数	t统计值
Size	0.221	6.465
Growth	−0.011	−3.762
Ndtsd	0.293	1.027
Fta	−0.169	−1.131
Roa	−0.183	−4.122
Rrt	−0.126	−0.834
Risk	−0.035	−3.219
Pcs	−0.341	−5.458

首先，企业规模与企业的市值负债率呈正相关，这表明北京地区农、林、牧、渔业上市公

司在进行负债融资时，把企业规模作为一个重要的考虑因素，且随着企业规模的扩大，企业的负债能力也不断增强，企业也会随之不断提高自身的负债水平，这也与国内外多数学者的研究相符。其次，经营风险在模型中企业经营风险与市值负债率呈负相关关系，且通过显著性检验。这表明北京地区农、林、牧、渔业上市公司在进行负债融资时，经营风险是企业着重考虑的因素之一。再次，盈利能力在回归中通过了1%的显著性检验，且与企业的负债率呈负相关关系，表明企业的盈利能力越强，企业的负债率也就越低。这也印证了梅耶斯的融资优序理论，认为企业偏好内源融资，在企业有较高的营业利润时，企业会选择多保留利润。最后，股权结构，北京地区农、林、牧、渔业上市公司的流通股比例与市值负债率呈显著负相关关系。说明通过股权分置改革，企业的流通股比例明显增加，流通股东的监督约束作用得到充分发挥，上市公司内部治理结构不断完善，管理层积极优化资本结构，形成了从企业资本结构优化到上市公司利润不断提升的良性循环。

7.2.3 结论和建议

北京地区农、林、牧、渔业上市公司的市值资产负债率在上市公司总体中处于较低的水平，但近年来一直呈上升趋势，但是就上市公司的盈利能力来看，资产收益率仍处于较低水平。结果表明，上市公司的规模、盈利能力、经营风险和股权结构等都对资本结构有着显著的影响。因此，从企业长期经营的角度来考虑，北京地区农、林、牧、渔业上市公司应该适当增加企业的长期负债的比例；农、林、牧、渔业上市公司应当重视对资本结构的科学决策，这将有效获得资金作为实现企业价值最大化、维护股东权益的必要手段之一；政府应在项目资金、技术和基础设施投入等方面予以优惠，继续加大对农、林、牧、渔业上市公司的政策扶持。

第8章　北京地区电力行业上市公司融资结构分析

8.1　行业背景分析

电力工业是国民经济发展的基础产业，电力设施作为城市的重要基础设施，在社会发展中起着至关重要的作用。电力工业是生产和输送电能（包括热能）的工业，可以分为发电、输电、配电和供电四个基本环节。电能不能储存的特点决定了发、输、配、供的瞬间完成，是一个有机联系，紧密配合的整体。我国电力经过五十多年的建设，获得了高速发展，为国民经济作出了巨大贡献。我国年发电量从1949年的 4.31×10^{9} kWh 累计增加到2011年的 4.8×10^{12} kWh（中国国家电力监管委员会2012年1月17日公布），超过美国，跃居世界第一。中国2010年的总装机容量是950 GW，是日本180 GW的5倍以上，预计2020年装机容量将达到日本的10倍以上。“十二五”之初，计划2015年年底之前将装机容量增至1 469 GW，这相当于年增长率约为9%，每两年新发电设备就相当于日本整体的装机容量。但中国的人均用电量只有日本的40%左右。这表明相对于GDP而言，其发电量多且用电效率低。目前，使用煤炭的火力发电系统占中国发电设备近70%，中国所需的煤炭几乎全部是自给自足。针对全球的二氧化碳减排压力，中国一直以将煤炭的电力转换效率提高至与美国相当的水平来应对。中国政府今后虽仍计划增加煤炭发电的装机容量，但会逐渐降低其在发电设备中整体的比例。为取代煤炭发电，中国政府正打算大幅扩大可再生能源，尤其是水力发电的装机容量将在2015年年底达到300 GW，2020年年底达到360 GW。另外，火力发电也计划由2010年年底的23 GW，在2015年年底增加至110 GW，到2020年年底增至180 GW。

电力体制改革前，原国家电力公司拥有大部分的中央电力资产，其余电力资产由其他中央单位、地方电力公司、外资等单位所有，但这些办电主体数量较多，电子资产较为分散，难以与原国家电力公司抗衡。电力体制改革实施后，原国家电力公司的发电资产除电网企业保留的抽水蓄能和应急调峰电厂、电网暂保留转让的发电资产和划归辅业的发电资产外，其余发电资产全部重组进入新成立的五大发电集团，它们分别是中国华能集团公司、中国大唐、中国华电集团公司、中国国电集团公司和中国电力投资集团公司。如此，电力行业内的主要企业包括五大发电集团、地方性电力企业、其他中央电力资产、外资电力公司以及四大辅业集团，其中五大发电集团所拥有的装机容量接近全国总装机容量的二分之一。随着电力体制改革的深入，我国电力行业将在试点的基础上全面推进竞价上网的实施，完成发电侧竞争秩序的建立；建立有效的政府监管体制，促进电网公司逐步实现全国联网，搭建有效、稳定、可靠的竞争平台，规范电力市场运行机制；售电侧逐步从电网公司分离，引入竞争，通过发输配售的完整分离和发电售电竞争格局的真正建立实现整个电力工业的市场化，充分发挥市场配置资源的基础性作用，促进电力工业的持续健康发展。

《北京市"十一五"时期电力发展规划》是北京市"十一五"规划的一个专项规划，本项规划以国务院批准的《北京城市总体规划(2004—2020年)》、《北京市国民经济和社会发展第十一个五年规划纲要》为基本依据，贯彻北京市经济社会发展的整体思路，吸取国内外电力行业近年重大事故教训，落实科学发展观，制定电力发展目标，确定重点建设任务。指导思想是以满足北京市总体发展战略对电力的需求为总目标，遵循"和谐发展、安全第一、适度超前、统筹配置、开源节流"五项基本原则，以促进发展为主线，以保障安全可靠供电为核心，统筹区内外资源，增加供应总量，增强供应能力，提高能效，保护环境，为首都经济社会发展和人民生活水平的提高提供安全可靠、稳定充足的电力供应。北京将"制定保障措施，确保奥运供电安全"作为北京"十一五"时期电力发展规划的9项重点发展任务之一。2008年为确保奥运会成功举办，奥运电力投资达到了221亿元，新建4座500 kV输变电工程，新、扩建26项220 kV和78项110 kV输变电工程，增加变电容量24 590 MA。其中专为保证奥运用电的"北京电力强网'0811'工程"的项目总数占整个"十一五"规划项目总数的51%，新增的变电容量达到前两年总和的2.43倍。

随着经济的快速发展和居民生活水平的不断提高，北京地区供电形势有了一定改观，基本保证按需供电，但在度夏制冷和冬季采暖高峰负荷期间，尤其用电尖峰时段，仍有一定用电缺口。"十一五"重点发展任务是：本市将投资766.4亿元用于电厂、电网建设及改造。在加强电网建设的同时，不断提高电网科技水平，完善服务网络，增强事故反应能力、缩短抢修时间，努力提高北京电网的可靠性。

北京市"十二五"能源发展建设规划提出，到2015年，全市新能源和可再生能源在一次能源消费总量中的比重达到6%左右，新能源和可再生能源产业实现销售收入1 000亿元，新能源和可再生能源开发利用规模和水平实现双提升，将建设二十万千瓦光伏发电工程、百万平方米光热利用工程、千万平方米热泵(地温能)高效应用工程、二十万千瓦生物质发电工程、十万吨生物质燃料工程、万辆新能源汽车示范应用工程和国家级绿色能源示范县建设工程，力争到2015年，全市太阳能光伏发电装机容量超过2×10^5 kW，太阳能热水系统利用面积达到900万平方米，地温能利用规模达到5 000万平方米，生物质发电装机容量达到2×10^5 kW，新增生物质燃料利用量10万吨，在用电动汽车规模达到3.5万辆以上，列为"国家级绿色能源示范县"的延庆县新能源利用占全县能源消费总量30%以上。将北京建设成为"高端研发、高端示范、高端制造"中心。

自我国进行电力行业改革以来，电力企业迅速发展。截至2010年，我国已有54家电力上市公司。而从这些公司的股权结构来看，基本上都是国有控股企业，股权集中度较高，国有持股比例普遍在30%以上，最高的可达78.1%。根据公司治理相关理论和研究，股权过于集中，对于企业经营效率影响较大。很多学者对于我国上市公司中"一股独大"问题给予严厉批评。有的学者认为，我国当前上市公司经营效率普遍低下的一个主要原因就是股权结构过度集中。因为股权结构是公司治理的基础，它决定了股东结构、股权集中程度以及股东性质、股权行使权力的方式和效果，进而影响公司治理模式的形成、运作和绩效。在一定条件下，股权结构决定着治理结构，适度的股权结构影响着公司治理效率，因而股权结构决定治理模式进而影响公司绩效的本源性变量。股权结构对企业配置资源效率以及技术效率有较大影响，而效率是一个比利润目标和保护股权利益更高的目标。目前我国电力行业上市公司技术效率如何以及股权结构对上市公司效率有何影响，这都是我们比较关心的问题。

8.2　融资结构与特点分析

本研究选取了 2005—2010 年北京地区 4 家电力生产行业上市公司，并对其相关数据进行分析。这 4 家分别是华能国际、京能热电、长江电力和大唐发电。其中，华能国际是一家集热电、核电等为一体大型电力生产企业；京能热电主要以煤炭生产热电为主；长江电力是依托水利资源，专业于水力发电的上市公司；大唐发电也是以煤炭生产为主，是中国最大的独立发电上市公司之一，其控股股东为中国大唐，是我国五大发电集团之一，在全国拥有大量电厂项目，供电区域不断扩张。表 8-1 和表 8-2 分别是北京地区电力行业上市公司主要盈利能力指标和投资收益指标。

表 8-1　北京地区电力行业上市公司主要盈利能力指标(平均值)

股票名称	总资产/亿元	主营业务收入/亿元	净利润/万元	主营业务利润率/%
华能国际	1 513.53	644.97	391 835.67	15.3
京能热电	47.56	18.13	17 569.5	16.7
长江电力	869.16	107.75	485 088.67	64.5
大唐发电	1 374.94	368.55	295 878	21.6

(资料来源：RESSET 数据库数据经整理得到。)

表 8-2　北京地区电力行业上市公司投资收益指标(平均值)

股票名称	总股本/亿股	每股收益/元	每股净资产/元	净资产收益率/%
华能国际	123.89	0.29	3.45	7.90
京能热电	5.87	0.31	3.10	9.50
长江电力	104.50	0.47	3.95	12.21
大唐发电	97.38	0.20	2.82	8.93

(资料来源：RESSET 数据库和清科集团数据库数据整理得到。)

通过表 8-1 和表 8-2 我们发现，2005—2010 年这 6 年间，在华能国际、京能热电、长江电力和大唐发电这 4 家电力上市公司中，除了京能热电的资产规模相对较小，盈利能力相对较弱外，其他三家公司的平均资产规模都超过了 800 亿元，平均总股本也都超过了 90 亿股，净资产收益率平均在 7%～13%(净资产收益率在 6%以上)，具有再融资的资格。这表明电力行业的资源相对集中度较高，盈利能力相对较强。同时根据本研究整理得到的 RESSET 数据库数据显示，4 家上市公司的资产负债率差异较大，大唐发电的资产负债率超过了 70%，而京能热电的资产负债率不足 20%，投资者需要注意它们抵抗债务风险的能力。4 家上市公司的“现金债务总额比”这个指标都比较优秀，表明它们用现金偿付债务的能力比较强，持续经营的能力较强。北京的4家公司的市盈率平均不足30倍，但2006年年底电力行业的平均市盈率高达84倍，因此具有明显的投资价值。

从内源融资和外源融资占比看，北京地区电力行业上市公司6年的平均内源融资比例为33.33%，内源融资比例最高的年份为72%，与外源融资能力差别不是很大，略低于外源融资。这与我国上市公司的融资顺序一致，但有悖于融资优序理论。上述结果表明，北京地区电力行业上市公司的内外源融资均呈现出显著的均衡性，内源融资在融资结构中所占比率较低，企业对外源融资的依赖性非常强，北京地区电力行业上市公司在内外源融资结构方面则优于同行业上市公司。

从内源融资和外源融资发展趋势看，北京地区电力行业上市公司的内源融资比例均呈逐年递减趋势（由于北京地区研究样本少，个别年份出现背离现象不影响总趋势，如2008年是负数），但在外源融资结构比例中股权融资比例较低（个别年份较高，如2010年），反而债务融资比例较高，说明北京地区电力行业上市公司自身积累能力一般，对外源融资中的债务融资方式越来越重视，企业信用评级较高。如表8-3和表8-4所示。

表8-3 2005—2010年度北京地区电力行业上市公司内外源融资结构 百分比/%

会计年度		2005	2006	2007	2008	2009	2010	平均
内源融资比例		70	72	28	−11	26	15	33.33
外源融资比例	股权融资	5.5	3.9	19	25	9	20	13.73
	债务融资	25	25	53	86	65	66	53.33

（资料来源：RESSET数据库和清科集团数据库数据整理得到。）

表8-4 2005—2010年度北京地区电力行业上市公司外源融资规模 规模/亿元

会计年度	2005	2006	2007	2008	2009	2010	平均
股权融资	21.34	16.77	31.24	6.27	0.11	90.83	27.76
债务融资	78.66	83.23	68.76	93.73	99.89	9.17	72.24

（资料来源：RESSET数据库和清科集团数据库数据整理得到。）

从债务融资期限结构来看，如表8-5所示，北京地区电力行业上市公司6年间流动负债占总负债的平均比率为51.50%，长期负债占总负债的平均比率为48.50%，期限短的流动负债略低于期限长的长期负债比重，这表明北京地区电力行业上市公司偏好期限长的负债。

表8-5 2005—2010年度北京地区电力行业上市公司债务融资结构 百分比/%

会计年度	2005	2006	2007	2008	2009	2010	平均
流动负债/总负债	49.90	51.27	53.10	64.01	40.08	50.66	51.50
长期负债/总负债	50.10	48.73	46.90	35.99	59.92	49.34	48.50

（资料来源：RESSET数据库和清科集团数据库数据整理得到。）

通过上述描述性统计，我们发现，北京地区电力行业上市公司的融资顺序为首选债务融资，其次选择股权融资，最后选择内源融资。在债务融资顺序中，偏好长期负债融资而非短期负债融资，而利用发行债券进行融资的比例则极低。这与我国电力行业上市公司的融资行为表现一致，但优于我国上市公司的融资行为。

综上所述，分析我国和北京地区电力行业上市公司资本结构偏高的成因，相关研究成果表明，样本公司的资产负债率的平均值高于最优负债率。根据中国经济社会发展统计数据库（中国知网）的分析报告指出，我国电力行业上市公司资本结构的症结，从存量角度看，在于资产负债率偏高。而从融资增量的角度观察，融资结构偏向于负债融资，尤其表现为对银行贷款的高度依赖。其中原因是多方面的，既有企业自身条件的限制，也有经济运行层面上的问题。第一，高增长和盈利能力下降是电力上市公司负债水平过高的直接原因。经济的高速发展要求更大的电力供给，而缓解“电荒”的途径只有靠电力企业投入更多的资金来扩张企业发电规模。盈利能力下降必然导致保留盈余不足，加之折旧融资、股票融资的外在约束，上市公司的权益融资能力受到了极大限制。电力企业应经济增长要求而扩张规模所需的资金需求，自然地落到了负债融资的肩上，其结果必然是负债水平的不断上升。第二，传统的投资体制和转轨期间投资体制改革措施不完善。我国电力企业的资金来源主要是财政拨款和银行贷款。从 1985 年开始，电力企业的资产负债率迅速上升，一直居高不下。拨改贷后的银企关系仍是信贷软约束的局面，电力新建项目的资本金投入甚微，所需资金几乎完全靠银行贷款来解决，这种不断按旧机制复制新企业的方式不可能使企业的资产负债率降低。作为主要债权人的国有商业银行，与国有股处于控股地位的电力上市公司之间，债权人与债务人相同的国有身份必然导致企业融资与银行放贷的非市场化行为，行政性贷款占相当比重。第三，企业融资渠道单一化。改革使国民收入的分配格局发生了剧烈的变化，居民储蓄逐渐取代了财政成为投资资金的主要来源。金融体制改革之后，绝大部分居民储蓄仍然以存款形式进入少数几家国有银行，再主要以信用贷款的形式流入企业。因此，除这几年直接融资渠道开通以后居民购买股票和企业债券以及参与集资的投资以外，银行信贷几乎成为居民储蓄转化为企业投资的唯一通道，导致了银行对居民的高负债和企业对银行的高负债。居民在银行的高储蓄与企业对银行的高负债是同一个问题的两个方面，居民在银行的储蓄增加，企业对银行的负债就相应增加。企业融资渠道过于单一也是导致我国电力企业形成高负债率的重要原因。第四，股权结构存在缺陷。股权结构的内在缺陷是我国电力企业高负债率的又一重要原因。电力企业作为国有企业之一，国有股一股独大。一方面，国有股东出于对企业控制权的考虑，在融资决策的选择中倾向于负债融资，而银企关系的“同源性”又使企业的债权融资依赖银行贷款，而对偿债压力相对较大的公司债券融资方式考虑较少。另一方面，股权结构“一头偏”，对公司治理效率也会产生负面影响，不利于企业资本结构的调整。

第9章　北京地区房地产业上市公司融资结构分析

9.1　北京房地产业发展概况

房地产行业是中国国民经济的主导产业，在现代社会经济生活中有着举足轻重的地位。经过十几年的发展，中国房地产业正处于向规模化、品牌化、规范运作的转型时期，房地产业的增长方式正在由偏重速度规模向注重效益和市场细分的转变，从主要靠政府政策调控向依靠市场和企业自身调节的方式转变。2010 年是“十一五”规划的最后一年，“十一五”期间是房地产业发展最快的时期。受奥运会、国庆六十周年大庆的拉动，虽然遭遇了 2008 年国际金融危机的影响，北京房地产业仍然取得了巨大发展。

“十一五”期间(不包括 2010 年)北京房地产开发已完成投资 7 962.1 亿元，比“十五”期间(2001—2005 年)五年完成的投资 5 973.9 亿元还多 2 000 亿元。每年房地产开发完成投资都占全市固定资产投资一半以上。“十一五”期间(2006—2009 年)房地产开发全市已完成商品房竣工面积 11 322.2 万平方米，其中住宅面积为 7 060.5 万平方米。

2010 年 1 月 20 日北京市统计局、国家统计局北京调查总队公布了《北京市第二次全国经济普查主要数据公报》，截至 2008 年年底，全市房地产业独立核算的法人单位数 10 955 个，从业人员平均人数 40.7 万人。单位数比第一次经济普查时的 8 782 个增长了 24.7%，从业人员平均人数比第一次经济普查时的 31.1 万人增长了 30.9%。从登记注册类型看，内资企业资产总计为 15 878.7 亿元，占房地产业的 79.2%；主营业务收入 1 942.5 亿元，占 79.1%。北京房地产业房地产开发经营、物业管理、房地产中介服务、房地产评估、拆迁等各类企业单位数、从业人员、资产总计、主营收入、利润总额比第一次全国经济普查时都有增加，其中房地产开发经营资产总计 17 674.3 亿元，比第一次全国经济普查时的 10 016.36 亿元增加了 7 600 多亿元；利润总额达 305.5 亿元，比第一次全国经济普查时的 107.01 亿元增加了近两倍。截至 2009 年年底，北京房地产业包括的 5 个主要行业的现状是：①北京房地产开发行业，2008 年底，全市有 3 000 多家房地产开发公司，从业人员约 10 万人，但一级资质的房地产开发公司只有几十家，大部分是三级以下资质的公司和项目公司。2009 年完成投资 2 337.7 亿元，施工面积为 10 014.3 万平方米，商品房销售面积 1 335.4 万平米，其中住宅面积 1 031.4 万平方米；竣工面积 2 678.6 万平方米，其中住宅面积 1 613.2 万平方米。

②物业管理行业，已有 3 052 家物业管理公司，其中一级 104 家，二级以下 251 家，三级以下 2 700 多家，从业人员 20 多万人。物业管理 5 210 个项目，管理房屋面积达到了 44 272.8 万平方米，物业管理覆盖面达到了 80%。③房地产中介服务行业，已有 2 400 多家房地产中介公司，从业人员 4 万多人，大的中介公司有五六百家门店，小的中介公司只有一家门店，几个人，参差不齐；2009 年代理销售房屋面积 888.9 万平方米，房屋代理出租成交面积 1 456.1 万平方米。④全市房地产评估行业，已有 144 家评估公司，其中一级 33 家，从业人员 4 500 多人，其中房地产评估师 2 500 多人，在房地产估价机构执业的专职注册房地产估价师约为 1 350 人，不但完成了北京的房地产评估任务，而且还承担了全国各地大量评估任务。⑤房地产拆迁行业，全市具有城市房屋征收拆迁单位资质的企业 227 个，从业人员 7 300 多人。“十一五”期间（2006—2009 年）全市拆迁总量为 19.8 万户，面积 1 714.8 万平米。

在政策性保障用房方面，北京更是走在了全国前列，超额完成了“十一五”规划。截至 2007 年 2 月底，全市就已累计约有 2.6 万户家庭享受了廉租房解困政策，财政累计投入资金 2.9 亿元。2007 年 3 月初，北京市政府又提出“两个一千万”的指标，计划三年内建设 1 000万平方米经济适用房和 1 000 万平方米限价房。2008—2010 年共建政策房 24.8 万套，合计 2 300 万平方米。2010 年开工建设 300 万平方米“两限”商品房、200 万平方米经济适用房、30 万平方米廉租房，使之变为现实供应，满足群众的住房需求。去年通过审核的 7.4万家庭今年都能获得政策房。

“十二五”期间北京房地产业有退有进，保持基本稳定和适度发展。“十二五”期间北京将继续大力发展保障性住房，健全住房保障体系，抑制房价过快增长，落实中央一号文件精神，全面实现城乡一体化，使城乡居民都能做到住有所居。而现在，北京实际居住人口（常住人口＋流动人口＋外籍人口）已超过 2 200 万人，远远突破了《北京城市总体规划（2004—2020 年）》规定的到 2020 年总人口规模控制在 1 800 万人的要求。而且作为新确定的国家五大中心城市之一，今后还要以每年增加几十万人的速度继续增长，专家预测北京人口规模将突破 3 000 万人，无论用何种行政手段都无法阻挡北京人口继续增加的趋势。北京市要容纳如此巨大的人口，并且让他们能够安居乐业，尽快融入城市变成新市民，还需要建设大量房屋，房地产还有很大发展空间。2009 年北京土地部门已经储备了 1 000 多亿元的土地，有足够的土地供应。

为了实现“遏制过快上涨的房价”的目标，2010 年 4 月 17 日，中央政府出台了“新国十条”，从抑制需求和增加供给两方面同时进行调控，北京市政府也出台了“京 12 条”。2010 年，全市全年累计完成房地产开发投资 2 901.1 亿元，比上年增长 24.1%。2010 年，全市新建商品房销售面积为 1 639.5 万平方米，比上年下降 30.6%。2010 年，全市累计销售商品住宅 11.3 万套，比上年下降 31.5%。2011 年，北京市完成房地产开发投资 3 036.3 亿元。2011 年末，全市商品房施工面积为 12 065.4 万平方米，比上年增长 17.1%。新开工面积为 4 246.1 万平方米，比上年增长 42.8%。竣工面积为 2 245.2 万平方米，比上年下降 5.9%。2011 年，全市商品房销售面积为 1 440 万平方米，比上年下降 12.2%。2012 年上半年，北京市完成房地产开发投资 1 298.3 亿元，比上年同期增长 4.7%。2012 年上半年，全市商品房销售面积为 620.9 万平方米，比上年同期增长 11.9%。其中，住宅销售面积为 479.4 万平方米，同比增长 23.2%；写字楼为 64.7 万平方米，下降 12.4%；商业及服务业等经营性用房为 50.6 万平方米，下降 6.8%。

严厉的调控政策让北京疯涨的房价得到初步遏制，消费者对房价预期增强，观望情绪浓厚。但政策只是暂时拉住了房价过快上涨的缰绳，房价仍在高位运行。尽管这一轮调控被业内普遍称为“史上最严厉”的房地产调控，但这次政策也只是一个短期政策，房价短期内不会大幅上涨，但长期而言房价依旧看涨。

9.2 融资结构与特点分析

房地产业是我国国民经济的支柱产业，属于资金密集型产业。投资规模大、周期长等特点使房地产开发、投资需要大量的资金，因此资金筹措成了房地产企业最关心的问题。而我国房地产企业融资渠道单一，对银行贷款依赖过高成为资金筹措的瓶颈，因此，我们必须分析房地产上司公司融资结构。本研究着力分析债权融资和股权融资结构。选取了 2005—2010 年北京地区 A 股沪深上市房地产公司 14 家，分别是金融街、绵世股份、中国国贸、大龙地产、华业地产、万通地产、北京城建、首开股份、空港股份、信达地产、京能置业、ST 中房、北辰实业和中关村。其主要盈利能力指标、投资收益指标如表 9-1 和表 9-2 所示。

表 9-1　2005—2010 年北京地区房地产业上市公司主要盈利能力指标(平均值)

股票名称	总资产/亿元	主营业务收入/亿元	净利润/万元	主营业务利润率/%
金融街	260.72	49.39	98 596.39	31.75
绵世股份	9.65	2.79	7 153.64	44.28
中国国贸	75.59	8.81	25 731.73	54.30
大龙地产	23.70	6.30	7 346.75	26.12
华业地产	40.50	9.70	12 664.90	30.18
万通地产	72.32	23.60	35 255.16	28.88
北京城建	110.77	26.81	52 750.59	30.96
首开股份	212.99	44.27	52 959.75	26.32
空港股份	15.15	6.29	5 304.39	22.33
信达地产	57.33	21.12	17 895.48	19.17
京能置业	24.50	6.41	9 686.34	35.35
ST 中房	5.01	1.50	−4 882.99	18.11
北辰实业	205.84	65.87	87 271.51	30.91
中关村	43.07	17.04	−4 894.92	29.74

(资料来源：RESSET 数据库和清科集团数据库数据整理得到。)

表 9-2　2005—2010 年北京地区房地产业上市公司投资收益指标(平均值)

股票名称	总股本/亿股	每股收益/元	每股净资产/元	净资产收益率/%
金融街	6.748 469 4	−0.079	4.817	12.303
绵世股份	2.170 913 0	0.367	3.397	10.301
中国国贸	9.727 354 5	0.275	3.973	6.82
大龙地产	4.475 018 9	0.18	2.25	6.322
华业地产	4.816 666 7	0.265	2.983	8.117
万通地产	5.801 333 3	0.462	4.437	10.075
北京城建	6.705	0.610	4.661	11.961
首开股份	6.138	0.566	5.572	8.578
空港股份	1.96	0.265	2.922	9.238
信达地产	8.694 046 1	−0.026	1.508	−49.721
京能置业	3.165 15	0.23	2.115	10.381
ST 中房	5.634 709 4	−0.098	0.82	6.791
北辰实业	27.058 5	0.640	2.94	14.04
中关村	6.748 469	−0.079	0.90	−12.128

(资料来源:RESSET 数据库和清科集团数据库数据整理得到。)

通过表 9-1 和表 9-2 我们发现,2005—2010 年这 6 年间,北京地区 14 家房地产类上市公司的资产规模和经营效率差距较大,资产规模超过 50 亿元以上并且主营业务收入超过 8 亿元以上的只有金融街、万通地产、北京城建、中国国贸、首开股份、信达地产和北辰实业 7 家上市公司,盈利能力较强;而绵世股份、空港股份、ST 中房、大龙地产和京能置业的资产规模都较小,不足 25 亿元,主营业务收入偏低,盈利能力相对较弱。平均资产规模都超过 100 亿元的有 4 家公司,平均总股本也都超过了 6 亿股,平均净资产收益率除了信达地产和中关村外,其他上市公司均在 6%以上,具有再融资的资格。这表明房地产行业的资源相对集中度较高,盈利能力相对较强。同时根据本研究整理得到的 RESSET 数据库数据显示,除空港股份和北辰实业外,其他资产负债率普遍较高,有 4 家公司的资产负债率超过了 70%。从现金债务总额比这个指标来看,2005—2010 年间多家公司出现了负数,其中 2006 年有 11 家公司的现金债务总额比出现了负数,2007—2008 年这两年也出现了 8 家上市公司的现金债务总额比是负数,说明北京地区房地产类上市公司的资金非常短缺,其用现金偿付债务的能力非常弱,不具有投资价值。总资产周转率与行业平均水平相当,无明显异常情况出现。从 2005—2010 年的市盈率指标来看,华业地产、北京城建、首开股份、大龙地产、京能置业和 ST 中房 6 家公司的市盈率明显偏高。

从内源融资和外源融资占比看,北京地区房地产行业上市公司 6 年的平均内源融资比例为 47%,略低于外源融资,内源融资比例最高的年份为 108.1%,如表 9-3 所示。这与我国上市公司的融资顺序一致,但有悖于融资优序理论。上述结果表明,北京地区房地产行业上市公司的内外源融资均呈现出显著的非均衡性,内源融资在融资结构中所占比率较低,企业对外源融资的依赖性较强,北京地区房地产行业上市公司在内外源融资结构方面则优于同行业上市公司。

从内源融资和外源融资发展趋势看,北京地区房地产行业上市公司的内源融资比例呈现无规律发展趋势,但在外源融资结构比例中股权融资比例较低(个别年份较高,如 2006 年),反而债务融资比例较高,最高年份是 93.8%,说明北京地区房地产行业上市公司自身积累能力一般,对外源融资中的债务融资方式越来越重视。目前,中国房地产上市公司的股权融资平均水平为43.54%,该产业的股权融资比例在40%～60%这一区间的公司数量最多。这说明中国房地产业上市公司的资本有近50%是来源于股权融资。随着股票市场的进一步发展,我们有理由认为这一平均水平还有可能继续上升。因为中国上市公司普遍热衷于发行股票,充分利用一切可以配股和增发新股的机会进行股权融资,而对债券融资反应则十分冷淡。在已发行的企业债券中,拥有股权融资渠道的上市公司进行债券融资的比例很低,可见,中国上市公司的融资顺序表现为股权融资、短期债务融资、长期债务融资和内源融资,即中国上市公司的融资顺序与现代资本结构理论关于融资顺序原则存在明显的冲突。而北京地区房地产上市公司的融资顺序要优于全国的房地产上市公司,企业信用评级较高。

从表9-3和表9-4可以看出,北京地区房地产企业上市公司6年的平均内源融资比例为47.03%,内源融资比例最高的年份为108.1%,与外源融资能力差别很大,高于外源融资。符合融资优序理论。上述结果表明,北京地区房地产行业上市公司的内外源融资均显现显著的均衡性,内源融资在融资结构中所占比率高;外源融资中,债务融资所占比率较高。企业对债务融资的依赖性非常强。北京地区房地产上市公司在内外源融资结构方面略优于同行业上市公司。

表9-3　2005—2010年北京地区房地产行业上市公司内外源融资结构　百分比/%

会计年度		2005	2006	2007	2008	2009	2010	平均
内源融资比例		29.5	108.1	31.7	79.4	5.5	28.0	47.03
外源融资比例	股权融资	−9.9	44.5	33.6	16.0	0.7	32.1	19.50
	债务融资	80.4	−52.6	34.8	4.9	93.8	39.9	33.50

(资料来源:RESSET数据库和清科集团数据库数据整理得到。)

表9-4　2005—2010年北京地区房地产行业上市公司外源融资规模　规模/亿元

会计年度	2005	2006	2007	2008	2009	2010	平均
股权融资	0.244	45.556	4.944	6.76	3.816	25.219	14.423
债务融资	1.268	2.55	10.842	7.136	11.353	24.441	9.598

(资料来源:RESSET数据库数据整理得到。)

从债务融资期限结构来看,如表9-5所示,北京地区房地产行业上市公司6年间流动负债占总负债的平均比率为74.6%,长期负债占总负债的平均比率为25.4%,期限短的流动负债高于期限长的长期负债比重,这表明北京地区房地产行业上市公司偏好期限短的负债,资金周转较快。

表9-5　2005—2010年北京地区房地产行业上市公司债务融资结构　百分比/%

会计年度	2005	2006	2007	2008	2009	2010	平均
流动负债/总负债	85.1	81.4	70.5	66.8	70.6	73.4	74.63
长期负债/总负债	14.9	18.6	29.5	33.2	29.4	26.6	25.37

(资料来源:RESSET数据库和清科集团数据库数据整理得到。)

通过上述描述性统计可以看出,北京地区房地产行业上市公司的融资顺序为首选债务融资,其次选择股权融资,最后选择内源融资。在债务融资顺序中,偏好短期负债融资而非长期负债融资。这与我国房地产行业上市公司的融资行为表现不一致,优于我国上市公司的融资行为。

第10章　北京地区信息产业上市公司融资结构分析

10.1　我国信息产业发展背景分析

信息产业是指从事信息资源的研究、开发、应用，利用信息技术进行产品生产、提供信息服务的行业，是一个覆盖行业多、牵涉领域宽、涉及面广的不断发展壮大的现代产业群的总称。其特点主要有如下表现。第一，信息产业是主要依赖脑力劳动及其自动化途径进行生产、加工、存储、传递、开发人类智慧的产业。信息产业的核心技术——信息技术，始终是高新技术的主流并且处于尖端科学的前沿，代表着人类最新智慧的结晶。第二，信息产业具有很强的渗透性，是一个跨行业的产业。由于信息资源来自社会经济各个部门，横跨电信、IT、互联网、信息家电等众多领域，信息产业拥有很强的覆盖性。第三，信息产业是智力和资本高投入、高风险的产业。从研究开发、调试、服务等各种产业阶段看，都需要大量专门技术人员的共同协作，同时需要投入大量的资金，人力奉献和资本奉献非常突出。第四，信息产业是增长块、需求广、产出效益高的高增值型产业。在全世界范围内平均以年均20%的速度增长，形成了巨大的产业规模，在社会经济各方面都获得广泛的应用，并产生巨大的直接和间接效益。我国目前将信息产业划分为5个门类：信息设备制造业、信息生产业、信息传输业、信息服务业和软件业。信息产业作为我国国民经济的战略性、基础性和先导性支柱产业，对于促进社会就业、拉动经济增长、调整产业结构、转变发展方式和维护国家安全具有十分重要的作用。改革开放以来，我国电子信息产业实现了持续快速发展，特别是进入21世纪以来，产业规模、产业结构、技术水平得到大幅提升。中国入世十年，成功打造了电子大国。2010年，中国电子信息产品出口市场涵盖了全球所有国家和地区，已从低端整机产品主导向高端整机产品主导发展，例如出口由VCD、DVD、彩电向计算机、程控交换机等转换。2001年，电子信息产品进出口总额为1 241.1亿美元，2010年则突破万亿美元，是2001年的8.2倍，十年间平均增速为26.3%。经过多年快速发展，我国电子信息产业的收入规模已经跃居全球第一。

信息技术是从事信息的生产、流通和销售以及利用信息提供服务的各种技术的总称，因此信息技术公司的出现极大地提高了其他行业的生产率，加速了科学技术的传递速度，促进了科学技术应用的实现。在我国，信息技术的高速创新发展，使其广泛渗透到社会生活的各个领域，推动了信息技术行业在数字化革命大潮中飞速前进，成为国民经济的支柱产业。从产业规模角度来看，我国信息技术产业已进入世界前三，成为世界信息技术产业大国，相当一部分电子元器件的生产量均位居世界第一。与此同时，我国的电子信息产品制造业也一直保持高速发展，其中计算机通信产品年均增幅 45%～60%。经过十几年的发展，我国形成了一批有一定规模的 IT 企业，建立了足以与国际 IT 巨人们相抗衡的市场体系。虽然我国的信息技术产业取得长足进展，但是与发达国家相比，依旧存在较大差距。具体表现为，(1)信息技术产业规模小。我国信息技术企业主要以制造业为主，高技术服务特别是国际服务业所占的比重偏低，并且信息技术制造企业中，能够生产高技术产品的不多，主要以贸易为主。(2)信息科技产业经济效益不高。科技成果的产业化是我国依靠科技进步转变紧急增长方式和实现国民经济结构调整的根本途径。但是，我国科技成果的产业化率只有 5%～7%，高科技商品化率为 10%左右，而发达国家科技成果产业化率达到了 12%左右。此外，我国技术进步对经济增长率的贡献仅在 30%左右，远低于发达国家 50%～70%的水平。与传统公司相比，信息技术公司对资源的依赖度低，对资金投入量的依赖度高，但资金却一直是困扰我国信息技术公司的难题，我国的信息技术公司面临双缺口(“资本缺口”及“债务融资缺口”)的融资困境。所以我国处于成长期的信息技术中小型公司的发展一直受到严重局限，而对于步入成熟期的信息技术上市公司的间接融资也产生了严重影响，所以对于具有一定规模条件的信息技术上市公司来讲，其最主要的融资场所就是证券公司，信息技术上市公司在证券市场上一直都表现突出，证券公司也促进了信息技术上市公司的极大发展。但是，通过上市筹集长期发展资金不是可以解决一切问题的。我国现有资本市场发展很不成熟，政策法规不健全并且企业治理结构也不完善，在这种情况下，我国信息技术上市公司为追求资金一度形成上市公司的“配股热”或“增发热”，表现出典型的股权融资偏好。但是我国信息技术上市公司的大量股权融资却没有促进公司经营业绩增长的持续性和资源配置的有效改善。在这种状态下，信息技术上市公司对股权融资的偏好的形成原因及股权融资偏好行为对信息技术上市公司发展的影响值得探究。

目前，我国电子信息产业初步形成了具有配套功能的三大产业基础：以深圳为龙头的珠江三角洲；以上海为龙头的长江三角洲；以北京为龙头的环渤海湾地区。环渤海湾地区是全国最大的综合性 IT 产业密集带。以北京为中心的软件产业带，尤其以中关村软件最为发达。表 10-1 为三大电子信息产业基地区域布局。

表 10-1　三大电子信息产业基地区域布局

区域名称	主要省、直辖市	重点城市	重点行业及产品
珠江三角洲	广东省、福建省	广州、深圳、东莞、中山、顺德、珠海、福州、厦门	家用电器、视听产品、计算机及外部设备、微电子、软件
长江三角洲	上海、江苏、浙江	上海、杭州、南京、苏州、无锡、常州、昆山	集成电路制造、封装，通信、计算机装备、电子元器件类产品、视听产品
环渤海湾地区	北京、天津、河北、辽宁、山东	北京、天津、石家庄、沈阳、大连、青岛	通信、计算机、集成电路设计、微电子、软件、家用电子电器类产品等

10.2　北京信息产业发展趋势

北京是中国经济增长最快、最具发展潜力的大城市，综合经济实力始终保持在全国大城市的前列。北京地区现有 4 000 多家从事电子信息产业的企业、事业单位，主要分布在软件、集成电路、手机、计算机、显示器、彩色显像管及程控交换机等领域。北京信息化基础设施居全国领先水平。城市宽带骨干网络和接入网络基本覆盖全市，电子政务、电子商务、信息化社区等信息应用系统正在实施，电话主线普及率为 47.4 线/百人，移动电话普及率为 77 户/百人，国际电话可拨 260 多个国家和地区。北京的电子信息产业已成为本市的第一支柱产业，近几年一直保持着强劲的发展势头，信息产业增加值在北京 GDP 中的比重从 2004 年的 14.3%提高到 2007 年的 17.0%，信息产业对北京经济发展中的战略支撑作用日益显现。在北京电子信息产业的发展中，形成一批具有较强竞争力的骨干企业，例如联想、方正、京东方、清华同方、清华紫光等，均为全国电子百强企业。因此，信息产业对北京的经济发展至关重要。

首先，北京地区是全国科技力量最集中、自主创新能力最强的地区。北京是中国最大的科研基地和国内科学技术信息的重要集散地，有中国科学院、中国工程院等科学研究机构和号称中国硅谷的北京中关村科技园区，每年获国家奖励的成果占全国的三分之一。自 1998 年以来，每年都成功举办以高新技术产业为主题的大型国际活动——北京高新技术产业国际周。建有数十个中国最大的集成电路设计中心，国家软件工程环境技术开发中心、国家 CIMS 工程开发中心以及国家及相关技术实验室。北京已成为中国最大的技术交易中心和软件产品、信息技术产品的出口基地。北京形成了基础研究、发展研究和应用研究一体化的科研开发体系。北京同时也是全国教育最发达的地区。截至 2010 年 8 月，北京市共有普通高等院校 82 所，其中包括北京大学、清华大学、中国人民大学、北京师范大学、北京航空航天大学、北京理工大学、中国农业大学等全国最为著名的学府。全年本专科在校生达到 57.7 万人。全市共有 52 所高等学校和 117 个科研机构培养研究生，在学研究生达到 20.9 万人。全国 28%的国家重点实验室、33%的国家工程研究中心、45%的国家重大科学工程、30%的国家重点学科设在北京。北京是中国智力资源最密集的地方，人才竞争全国第一，拥有全国 1/3 的高级计算机软件人才、近 1/2 的高级智能系统集成人才，一半以上的半导体专家，占全国一半以上的中国科学院和中国工程院院士。目前，北京地区专业技术人员已达 112 万人，从事科技活动人员近 40 万人，中国科学院、中国工程院两院院士有 608 人在北京，占全国的 51%。科学家和工程师占科技活动人员总数的 80%以上。例如 2005 年，北京承担国家四大计划(基础研究计划、863 计划、攻关计划、科技型中小企业创新基金)项目数和获得经费数高居全国首位，其中基础研究计划 122 项，占全国的 39.4%；863 计划 1 259 项，占全国的 31.4%；攻关计划 725 项，占全国的 34.5%；科技型中小企业创新基金 183 项，占全国的11.8%。2005 年，北京发明专利授权量为 10 100 件，占全国的 27.5%。技术市场成交额为 489.6 亿元，占全国的 31.6%。这些数据说明北京比其他地区更具技术创新能力。

其次，北京高新技术开发区的建设成绩显著。北京利用科技和人才优势，努力打造电子信息产业基地。依托科技资源，北京在移动通信、软件、集成电路、计算机及网络应用等诸多优势领域已经占据产业发展高地，初步形成了较强的产业优势。北京的软件与信息服务业已居全国首位，是中国的“软件之都”。北京已有软件企业 4 335 家，成为中国最大的软件企业集聚地，有良好的集聚效应。中关村科技园区是中国第一个国家级高新技术产业开发区。园区拥有内外资企业近万家，全球 500 强企业 43 家；微软、IBM、摩托罗拉等 23 家高新技术跨国公司在园区建立科研机构；逐年增加的留学人员归国创业。中关村科技园区高新技术企业实现增加值、上缴税金、出口创汇等各项指标在全国 53 个高新技术开发区中的排名逐年提高，对北京市工业经济的贡献率连续多年在 60%以上。

“十二五”期末，以《北京市调整和振兴电子信息产业实施方案》为依据，努力提高自主创新能力，不断推动北京电子信息产业纵深发展。北京信息产业将实现“规模较快增长、结构不断优化、创新能力提升、产业可持续发展”的预期目标，成为首都经济的支柱产业和战略高地，为“人文北京、科技北京、绿色北京”的城市战略定位提供保障。具体体现在以下几方面。

① 产业规模保持较快增长。到 2015 年北京市信息产业实现增加值超过 5 000 亿元。

② 产业结构不断调整优化。到 2015 年，信息产业与传统产业进一步融合，产业结构进一步调整，成为首都经济和产业结构调整的重要引擎，成为北京城市功能提升的重要支撑，成为发挥北京高端辐射作用的重要载体。

③ 自主创新能力显著提升。充分发挥高等院校、科研院所、高新技术企业等创新资源密集的独特优势，加大改革创新力度，深入推进股权激励、科技金融、政府采购等改革试点工作，努力培养和聚集优秀创新人才特别是产业领军人才，着力研发和转化国际领先的科技成果，做强做大一批具有全球影响力的创新型企业，培育一批国际知名品牌，全面提高以中关村科技园为载体的产业自主创新和辐射带动能力，推动北京市信息产业自主创新能力再上一个新台阶。

④ 产业绿色可持续发展。信息产业提升“绿色北京”城市功能建设，实现全面协调可持续发展。基本形成节约资源能源和保护生态环境的产业结构、增长方式、消费模式，努力实现节约发展、清洁发展、安全发展和可持续发展，促进经济社会发展与人口资源环境相协调。

总之，北京的电子信息产业发展将继续保持通信设备终端产品制造和计算机及网络产品制造已经具有的优势，同时重点实施第三代移动通信研发及产业化、交互式高清数字电视普及、软件和信息服务业培育、平板显示产业升级改造、计算机及互联网产业开发推广、集成电路产业链建设、物联网产业推广、创意产业培育等信息产业重大专项。重点建设以中关村科技园区和北京经济技术开发区为主要载体的北京信息产业集群格局。

10.3 信息产业上市公司融资行为分析

10.3.1 融资特点

由于信息技术公司有着不同于传统企业的技术经济特征，所以在其公司融资方面，有以下几点不同。①资金需求量大。信息技术公司的发展非常依赖资金的投入，除了公司创业阶段需要大量的创业资金外，研究阶段需要大量资金支持技术开发，产业化阶段需要大量资金支持技术成功转化为产品，规模化阶段需要大量资金壮大企业规模。研究阶段融资，产业化阶段融资，规模化阶段融资的比例关系为 1∶10∶100。②融资风险高。信息技术公司的一个重要特点就是高风险高回报。信息技术从开发到成为产品具有很大的不确定性，并且这一阶段的资金短时间内无法回报为净投入，技术开发成功后只有继续追加投资才有产出的可能性，所以信息技术公司资金收益具有不确定性和严重的滞后性，导致其融资的风险性高。③生命周期性。信息技术公司的成长具有典型的生命周期，共包括 5 个阶段，分别为种子期、初创期、成长期、扩展期和成熟期。这 5 个阶段中的每个阶段的风险程度、收益情况、资金需求以及融资方式都有所不同。在信息技术公司发展的生命周期中，公司的技术开发项目会逐渐减少，成功的投资项目的规模会扩大，随着信息技术向产品成功转化，信息技术公司的风险由投资风险转向市场风险和管理风险。

10.3.2　融资方式

目前，我国信息技术公司处于快速发展并逐渐成熟的阶段。根据金融成长理论的解释，当公司处于成熟阶段时，其市场已稳定，公司的盈利和资金需求也相对稳定，风险资本基本上已经套现退出公司，资本市场和银行贷款成为我国信息技术上市公司的主要融资渠道。根据统计数据显示，在直接融资方式的选择中，我国信息技术上市公司偏好股权融资的倾向非常严重，近几年信息技术上市公司的股权融资比例在各行业中居首，行业债券融资比例为负增长态势。可见，在融资方式的选择中，我国信息技术上市公司实际融资方式与理论融资方式选择相悖，首选的是股权融资，再是债券融资。2002—2009 年我国信息技术上市公司的融资结构比例如表 10-2 所示。

表 10-2　我国信息技术上市公司的长期融资结构

2002—2009 年		
内源融资	长期负债融资	股权融资
21.42%	6.43%	72.15%

（资料来源：RESSET 数据库和清科集团数据库数据整理得到。）

从表 10-2 可以发现，2002—2009 年我国信息技术上市公司的内源融资占长期融资的平均比例仅为 21.42%，外源性融资占据主导地位。而在外源性融资中，股权融资的平均比重高达 72.15%，是信息技术上市公司最主要的长期资金来源，长期负债仅占 6.43%的比重并且其主要来源是长期银行借款与长期应付款，长期债券基本为 0。可得出我国信息技术上市公司的融资顺序是股权融资，内源融资和债权融资。这与经典的“啄食理论”的融资顺序和发达国家上市公司的融资顺序截然不同。

10.4　北京地区信息产业上市公司融资行为分析

北京地区信息产业上市公司共有 51 家，其中含新三板市场上市公司 35 家，主板市场

(沪深两市)16 家。新三板市场是中关村科技园区非上市股份有限公司进入代办股份系统进行转让的试点,公司流动性和风险性较大,盈利能力指标和投资收益指标与主板市场的标准不同,因此,本研究在对北京地区信息产业上市公司融资结构与融资特点分析中,只对在主板市场上市的信息产业企业进行分析。由于东华合创数码科技有限公司(简称:东华软件,股票代码:002065)、北京兆维科技股份有限公司(简称:兆维科技,股票代码:600658)两家上市公司 2005—2010 年的数据资料不全,因此本研究未将两家公司列入各项指标分析中;大唐电信科技股份有限公司(简称:大唐电信,股票代码:600198)的财务数据仅找到 2005—2009 年共 4 年的。本研究仅对北京地区 14 家信息产业上市公司相关资本结构与融资特点进行分析。表 10-3 和表 10-4 分别为北京地区信息产业上市公司主要盈利能力指标和投资收益指标。

表 10-3　2005—2010 年北京地区信息产业上市公司主要盈利能力指标(平均值)

序号	股票名称	总资产/亿元	主营业务收入/亿元	净利润/万元	主营业务利润率/%
1	动力源	7.746 9	5.079 5	291.146 5	30.10
2	中信国安	80.777	19.707 5	11 242.76	30.82
3	紫光股份	19.072 1	43.557 2	−23	9.24
4	歌华有线	62.052	13.14	11 731.930 3	31.76
5	同方股份	175.43	140.301	8 239.915	15.05
6	中国卫星	25.878 5	16.300 9	1 107.247	13.86
7	大恒科技	27.497 5	33.868 2	2 350.44	12.52
8	华胜天成	27.644 8	25.780 2	4 066.935	17.80
9	中创信测	5.271 7	2.155	−397.024	46.87
10	中国软件	23.029 3	20.251 2	2 803.092 3	32.63
11	用友软件	29.707 8	17.538 5	4 537.659 3	74.87
12	大唐电信	38.256 5	24.192 6	−28 148.097	36.30
13	中电广通	16.725 4	14.807 3	472.072	12.14
14	航天信息	45.657 4	55.342	12 555.506	22.37

(资料来源:RESSET 数据库和清科集团数据库数据整理得到。)

表 10-4　2005—2010 年北京地区信息产业上市公司投资收益指标(平均值)

序号	股票名称	总股本/亿股	每股收益/元	每股净资产/元	净资产收益率/%
1	动力源	1.755	0.107 5	2.393 3	4.631 6
2	中信国安	11.526 4	0.357	4.655 9	7.411 4
3	紫光股份	2.060 8	0.991	3.415 3	1.848 1
4	歌华有线	9.153 7	0.380 4	4.461 7	8.906 5
5	同方股份	7.464 5	0.359	7.065	5.138 8
6	中国卫星	5.357 7	0.384 45	3.455	9.546 4
7	大恒科技	3.486	0.173 1	2.950 9	7.561 1

续 表

序号	股票名称	总股本/亿股	每股收益/元	每股净资产/元	净资产收益率/%
8	华胜天成	3.399 6	0.422 35	3.867 7	14.507 55
9	中创信测	1.369 6	0.172 4	2.466 7	5.016 6
10	中国软件	1.811 38	0.287 33	4.045	8.023 3
11	用友软件	4.231 5	0.873 3	5.810 7	15.282 4
12	大唐电信	4.389 864	−0.583 28	1.208 64	−50.855 7
13	中电广通	3.297 3	0.258	2.011	1.106 35
14	航天信息	5.634	1.005	5.595	17.182 65

（资料来源：RESSET 数据库和清科集团数据库数据整理得到。）

通过表 10-3 和表 10-4 我们发现，北京地区 14 家信息产业类上市公司的资产规模普遍较小，资产规模超过 20 亿元的有 10 家，其中同方股份和中信国安的资产规模相对较大，分别在 100 亿元和 80 亿元以上，其他 4 家公司的资产规模都不足 20 亿元或更小，这也是高科技类上市公司的特点之一。从这 14 家上市公司的主营业务利润率和净资产收益率的数据来看，它们的盈利能力差距较大，2005—2010 年净资产收益率超过 6%的只有 8 家，其他 6 家公司都已经失去了再融资的资格，其中大唐电信公司 2005—2009 年间平均净资产收益率出现了亏损。

从内源融资和外源融资占比看，北京地区信息产业上市公司 6 年的平均内源融资比例为 47%，内源融资比例最高的年份为 108.1%，低于外源融资。这与我国上市公司的融资顺序一致，但有悖于融资优序理论。上述结果表明，北京地区信息产业上市公司的内外源融资均呈现出显著的非均衡性，内源融资在融资结构中所占比率较低，企业对外源融资的依赖性较强，北京地区信息产业上市公司在内外源融资结构方面与我国信息产业上市公司相同。

从内源融资和外源融资发展趋势看，北京地区信息产业上市公司的内源融资比例呈现均衡发展趋势，但在外源融资结构比例中股权融资比例较低，反而债务融资比例较高，最高年份是 99.3%，说明北京地区信息产业上市公司自身积累能力很强，对外源融资中的债务融资方式非常重视。北京地区信息产业上市公司的融资次序要优于我国信息产业上市公司，企业信用评级较高。以上内容数据分析如表 10-5 和表 10-6 所示。

表 10-5　2005—2010 年北京地区信息产业上市公司内外源融资结构　百分比/%

会计年度		2005	2006	2007	2008	2009	2010	平均
内源融资比例		29.5	108.1	31.7	79.4	5.5	28	47.03
外源融资比例	股权融资	9.9	44.5	33.6	15.7	0.7	32	22.73
	债务融资	90.1	55.5	66.4	84.3	99.3	68	77.27

（资料来源：RESSET 数据库和清科集团数据库数据整理得到。）

表 10-6　2005—2010 年北京地区信息产业上市公司外源融资规模　规模/亿元

会计年度	2005	2006	2007	2008	2009	2010	平均
股权融资	3.409	63.778	69.214	101.399	51.324	327.849	102.829
债务融资	1.268	2.55	10.842	7.136	11.353	2.444	5.932

（资料来源：RESSET 数据库和清科集团数据库数据整理得到。）

本研究通过以2005—2010年在沪深股票市场14家信息技术上市公司为样本，从融资特点、融资结构和盈利能力等几个方面进行了数据分析与研究，得出如下结论。①北京地区信息技术上市公司的资产负债率与股权融资偏好负相关，说明公司在资本结构上不关心破产成本，因为公司的破产成本主要由债券承担。进一步说明我国的贷款风险管理制度的设计存在问题，现有的公司债券筹资管理制度对公司的约束力不够。②信息技术上市公司的规模与股权融资偏好负相关，只有具备一定规模的公司才能够在我国主板市场上市，因此我国主板市场上市的信息技术公司都是具有相当的规模并且相对成熟的公司，其风险较小，因此更易获得债券融资。但是我国大部分信息技术公司属于中小规模的民营企业，因规模小经营风险较大，再加上其行业风险，中小型信息技术公司很难获得银行贷款，会极力争取上市发展股权融资，因此我国在创业板块的规模偏小的信息技术公司的管理力度要加大。另外，应积极拓宽中小型信息技术公司的融资渠道。③信息技术上市公司的主营业务收入增长率与股权融资偏好负相关，说明对于我国信息技术上市公司而言，信号传递理论作用较大，信息技术公司未来的增长机会使公司面临较高的信息不对称，公司会不断调整。④净资产收益率与股权融资偏好无显著相关性，表明信息技术上市公司的盈利能力不能显著影响到信息技术上市公司的融资决策，表明了信息技术上市公司融资的盲目性。作为发展迅速的高科技公司，信息技术公司的融资结构直接影响到公司的技术项目发展，直接影响到公司盈利与发展，而公司盈利对公司融资结构有影响。⑤股权集中度与股权融资偏好无显著相关性，公司的融资结构会影响到公司的控制权的分配，同时公司的控制权也会影响到融资结构。在股权集中的情况下，若股东原有股份比例较低时，股东会偏好债券融资；若股东原有股份比例很高时，可从股权融资中获得隐形收入，大股东则会偏好股权融资。

在本研究理论分析和数据分析基础上，提出如下政策建议。完善市场制度法规建设，从法律上赋予广大投资者相应的权利，监督我国上市公司股权融资后的资金利用率和业绩发展；建立约束大股东的有效机制，如股东表决回避制度、累积投票制度，完善独立董事制度，约束大股东，从而抑制上市公司的融资偏好；建立有效的管理层激励机制，提高管理层的持股比例能够调动管理层的积极性，有效降低公司代理成本；大力发展债券市场，鼓励业绩优良的信息技术上市公司适当地增加负债水平，通过有效运用财务杠杆，优化自身的资本结构，带来更好的业绩；完善信息技术上市公司治理结构，我国除制定规则的大方针之外，应拟定相应的实施细则，真正推行到信息技术公司。

第 11 章　北京地区其他行业上市公司融资结构分析

11.1 "其他行业"的范畴

本研究此处所指的"其他行业"是指除上述已经单独分析过的北京市零售业、农业发展、制造业、电力行业、房地产业和电子信息产业六大行业之外，证监会所列举的其他行业。在北京主要包括综合类，农、林、牧、渔业，采掘业，建筑业，交通运输、仓储业以及社会服务业等上市公司。北京地区上市公司隶属这七类行业的企业共 21 家，如表 11-1 所示，本研究拟从财务质量分析的角度对这些上市公司及行业整体状况进行研究。

表 11-1　本研究中的 21 家其他行业上市公司名录

序号	股票代码	公司名称/股票简称	行业类别
1	000839	中信国安信息产业股份有限公司/中信国安	综合类
2	000065	北方国际合作股份有限公司/ 北方国际	建筑业
3	601390	中国中铁股份有限公司/ 中国中铁	建筑业
4	601668	中国建筑股份有限公司/ 中国建筑	建筑业
5	000916	华北高速公路股份有限公司/ 华北高速	交通运输、仓储业
6	600270	中外运空运发展股份有限公司/ 外运发展	交通运输、仓储业
7	601299	中国北车股份有限公司/ 中国北车	交通运输、仓储业
8	601111	中国国际航空股份有限公司/ 中国国航	交通运输、仓储业
9	600386	北京巴士股份有限公司/ 北京巴士	交通运输、仓储业
10	000758	中国有色金属建设股份有限公司/中色股份	采掘业
11	600028	中国石油化工股份有限公司/ 中国石化	采掘业
12	601088	中国神华能源股份有限公司/ 中国神华	采掘业
13	601101	北京昊华能源股份有限公司/昊华能源	采掘业
14	601857	中国石油天然气股份有限公司/中国石油	采掘业
15	601898	中国中煤能源股份有限公司/ 中煤能源	采掘业
16	000802	北京京西风光旅游开发股份有限公司/北京旅游	社会服务业

续表

序号	股票代码	公司名称/股票简称	行业类别
17	600138	中青旅控股股份有限公司/中青旅	社会服务业
18	600258	北京首都旅游股份有限公司/首旅股份	社会服务业
19	601117	中国化学工程股份有限公司/中国化学	社会服务业
20	601888	中国国旅股份有限公司/中国国旅	社会服务业
21	600008	北京首创股份有限公司/ 首创股份	社会服务业

11.2　行业概述

从表11-1中可以看出，这21家上市公司主要分布在交通运输、仓储业，采掘业和社会服务业。这三类行业共有17家，占80%以上。

交通运输、仓储业是北京地区企业较有优势的一个行业。外运发展、中国国航、北京巴士和华北高速分别在航空运输业，公路运输业和交通运输辅助业中名列前茅。而交通运输业的良好前景也使得北京地区上市公司实力更加雄厚。

采掘业也是北京地区有着强大实力的优秀代表。中国石化、中国石油和中国神华3家企业是采矿业的巨无霸，其主营业务收入排名前三位。从行业竞争情况分析，寡头垄断，价格受供求影响小，少量大企业具有在价格和交易量上的垄断能力，竞争程度小；从行业生命周期分析，衰退阶段，资源的有限性、稀缺性，使产量减少，竞争力削弱；从行业的上下游行业分析，整体上煤炭石油等价格都上涨，致使下游企业成本加大，面临资金困难。整体环境恶化，同时需求增加，竞争激烈；从行业政策分析，"十二五"计划中对煤矿、石油、稀有金属的规划，对中国石油、中国石化等企业进行的补贴和限制油价政策；从行业未来前景分析，整个行业中的大多数企业都是盈利的，但由于资源的稀缺性，增长逐渐下降，虽有政府扶持，但发展不是太好。

在社会服务业的6家上市公司中，旅游业占到了4家。经过改革开放三十多年的发展，近年来，中国旅游业持续保持高速增长，中国已进入了世界旅游大国的行列。在这4家公司中，中青旅、首旅股份和中国国旅的主营业务收入均排在了业内的前列。

而在其他行业中，北京地区上市公司也都有着非常强大的实力。如中国建筑和中国中铁业绩突出。这些企业和其他那些北京地区优势产业一起构成了北京地区上市公司的核心力量，也是带动北京地区经济发展最为重要的力量。

11.3　企业财务质量分析

以下将从资产、负债和盈利能力几个角度对上述北京地区上市公司的财务状况进行简要分析。

11.3.1　企业的资产负债状况

1. 企业资产状况

表 11-2 为北京地区其他行业上市公司主要盈利能力指标。

表 11-2　2005—2010 年北京地区其他行业上市公司主要盈利能力指标(平均值)

序号	股票名称	总资产/亿元	主营业务收入/亿元	净利润/万元	主营业务利润率/%
1	中信国安	98.821	93.87	37 102.06	34.5
2	北方国际	17.733	14.35	1 951.18	8.3
3	中国中铁	2 359.275	2 515.90	392 412.83	7.0
4	中国建筑	2 353.335	2 268.81	781 681.72	7.9
5	华北高速	37.407	8.17	26 778.51	47.1
6	外运发展	55.967	47.15	60 653.4	19.4
7	中国北车	702.517	513.50	172 159.05	12.6
8	中国国航	755.939	409.11	95 584.24	14.9
9	北巴传媒	28.505	18.64	−4 235.25	11.0
10	中色股份	69.663	40.49	39 426.42	22.1
11	中国石化	7 396.323	12 934.47	5 298 850	11.6
12	中国神华	2 451.3	965.16	2 773 600	48.2
13	昊华能源	50.574	37.63	68 866.50	39.9
14	中国石油	11 377.982	9 357.27	13 213 783.33	31.7
15	中煤能源	957.836	533.22	694 239.08	35.0
16	北京旅游	5.718	1.58	384.77	49.4
17	中青旅	48.063	44.52	24 974.25	16.9
18	首旅股份	18.453	17.19	22 455.13	37.0
19	中国化学	329.315	303.19	139 411.64	11.0
20	中国国旅	44.607	68.64	39 768.31	18.0
21	首创股份	125.156	17.40	49 118.06	44.0

(资料来源:RESSET 数据库和清科集团数据库数据整理得到。说明:表 11-2 中,中国中铁和中煤能源 2 家公司的财务相关数据仅查询到 4 年的;中国北车和中国化学均是 2009 年上市,因此财务数据只有 2 年的;而北巴传媒公司报表数据是 2006—2010 年 5 年的,缺少 1 年数据;昊华能源公司数据仅有 3 年的。以上上市公司的财务数据均不全,因此在分析此部分内容时剔除中国中铁、中国北车、北巴传媒、昊华能源、中煤能源和中国化学 6 家企业。)

从表 11-2 中发现,21 家企业 6 年的平均资产总额超过 1 000 亿元的有 4 家,资产规模最大的是中国石油,其资产总额达到了 11 377.982 亿元,其次是中国石化、中国神华、中国建筑,资产总额分别是 7 396.323 亿元、2 451.3 亿元和 2 353.335 亿元。资产规模超过 100 亿元的是首创股份和中国国航,资产总额分别是 755.939 亿元和 125.156 亿元。并且 21 家企业中有 9 家企业的资产总额超过了 10 亿元,只有北京旅游低于 10 亿元。

2. 企业的资产负债状况

从表 11-3 中可以看出，在 2005—2010 年间，21 家上市公司的资产负债率为 49.343%。其中负债率最高的前三名是中国中铁、中国建筑和中国国航；最低的是华北高速，为 5.4%；有 10 家企业集中在 10%～50%之间，占近半数。虽然资产负债率在一定程度上可以反映出企业的借贷能力，但是 21 家企业总的资产负债率平均值如此之高，也制约了企业再融资，同时沉重的利息负担也将使企业的财务状况恶化。由此可以推断，整体过高的资产负债率是由负债最高的交通运输业和建筑业的高资产负债率导致的。

表 11-3　2005—2010 年北京地区其他行业上市公司资产负债率　　百分比/%

序号	股票名称	资产负债率(平均值)
1	中信国安	48.358
2	北方国际	71.226
3	中国中铁	82.189
4	中国建筑	80.41
5	华北高速	5.4
6	外运发展	22.57
7	中国北车	67.29
8	中国国航	71.84
9	北巴传媒	62.36
10	中色股份	56.12
11	中国石化	31.94
12	中国神华	40.16
13	昊华能源	39.64
14	中国石油	31.94
15	中煤能源	31.8
16	北京旅游	52.86
17	中青旅	49.57
18	首旅股份	35.77
19	中国化学	62.25
20	中国国旅	48.9
21	首创股份	43.61

(资料来源：RESSET 数据库和清科集团数据库数据整理得到。)

11.3.2　企业的主营业务收入

在表 11-2 中，21 家企业均有主营业务收入，其中主营业务收入超过 1 000 亿元的有 4 家，它们是中国石油、中国石化、中国中铁和中国建筑，主营业务收入分别是 9 357.27 亿元、12 934.47 亿元、2 515.90 亿元和 2 268.81 亿元；超过 100 亿元的有 5 家企业，它们是中国神华、中煤能源、中国北车、中国国航和中国化学，主营业务收入分别是 965.16 亿元、533.22

亿元、513.50 亿元、409.11 亿元和 303.19 亿元。主营业务收入超过 10 亿元的有 10 家企业，只有北京旅游和华北高速低于 10 亿元。

11.3.3　企业的净利润率分析

在表 11-2 中，2005—2010 年间北京地区其他行业上市公司中只有北巴传媒的净利润额是负数（统计数据只有 2005—2009 年度，缺少 2010 年度的），其余企业的净利润均为正。21 家企业的平均净利润总额达到了 23 928 965.23 亿元。6 年间净利润总额分别是 22 603 167.94 亿元、24 690 938.82 亿元、18 977 295.15 亿元、23 978 408.47 亿元、25 547 200.15 亿元和 30 855 257.74 亿元，虽因不同年度上市公司数量不同，因此此数据略有误差，但基本反映北京地区上市公司各年度平均净利润总额状况，即呈现逐步上升增长趋势，表明北京地区其他行业上市公司的业绩也相当出色。

由于数据和资料的不全面，本研究主要对北京地区零售业，制造业，电力行业，房地产业，电子信息产业，综合类，农、林、牧、渔业，采掘业，建筑业，交通运输、仓储业以及社会服务业等证监会所确定的 12 类 96 家上市公司的资本结构、融资效益和财务质量进行了分析。而金融业因其资产负债率较高，资本结构具有一定的行业特殊性，因此未在本研究中深入分析。但是金融业在北京经济中占有着举足轻重的地位，所以本书在第 12 章中对北京地区金融业上市公司作简要分析。

第12章　北京地区金融业上市公司分析

12.1　北京地区金融业概况

金融业是北京第三产业的主要利润增长点，2005 年年末，北京金融业实现利润达 636.65 亿元，占全市规模以上第三产业实现利润的 23.61%。同时，北京市金融业税收占北京税收总额较大比重，2005 年，北京金融业完成税收 517.14 亿元，占全市税收总额的 19.94%。根据北京市发展和改革委员会 2009 年 1 月 8 日公布的数据，截至 2008 年底，北京市金融资产总量达 45.5 万亿元，同比增长 30.6%。北京金融资产量居全国首位，金融业实现增加值 1 062.07 亿元，占北京市地区生产总值的比重的 14%，创历史新高。金融业实现税收 1 958.5 亿元，占北京市税收总额的 37.4%。2010 年北京地区生产总值 13 777.9 亿元，增长 10.2%，其中金融业实现增加值达到 1 838 亿元，占全市地区生产总值比重的 13.4%，对全市经济增长贡献率是 10.1%，在第三产业中占比 17.8%，保持了首都经济战略性支柱产业地位。截至 2010 年 12 月底，北京市银行业金融机构本外币贷款余额 36 479.6 亿元，同比增长 17.5%；本外币存款余额 66 584.6 亿元，同比增长 16.9%；北京市保险业总资产达到 2 558.9 亿元，同比增长 22.6%；累计实现保费收入 966.5 亿元，同比增长 38.5%；保险深度为 7%，较去年提高了 1.1 个百分点。

12.2　金融组织体系

2010 年，北京市新增（含新开业、迁入、复牌）加拿大蒙特利尔银行、大兴九银村镇银行、大兴华夏村镇银行、昌平兆丰村镇银行、顺义银座村镇银行、中国国际期货公司、英大期货有限公司（原鲁能金穗期货经纪公司）、京都期货经纪有限公司、安邦人寿保险公司、中华联合财产保险公司、北银消费金融公司、华鑫国际信托有限公司、英大国际信托有限责任公司、中诚宝捷思货币经纪公司、中国通用技术集团财务公司、北大方正集团财务公司、中建集团财务公司、宝马汽车金融公司 18 家法人金融机构。

截至 2010 年 12 月底，北京市法人金融机构共有 551 家。其中，银行机构 21 家，新型农村金融机构 7 家，证券机构 60 家，保险机构 384 家，银行业其他金融机构（含金融资产管理公司和非银行金融机构）62 家，其他 17 家。此外，要素市场 29 家，小额贷款公司 28 家，融资性担保机构 97 家，创业投资和股权投资机构 510 余家，这些准金融机构共计 664 家，金融组织体系进一步完善。

首都金融业国际化水平得到较大提升。2010 年新增外资银行 1 家，外资参股的期货公司、保险公司、货币经纪公司各 1 家，目前共有外资设立、参股的法人金融机构 43 家，400 余家国际金融机构和组织入驻北京。金融机构向北京聚集呈现出规模大、种类全、质量高等特点。更进一步强化了首都金融业的地位，为具有国际影响力的金融中心城市建设奠定了坚实基础。

12.3　金融国际影响力

经过多年发展，北京作为集决策监管、资产管理、支付结算、信息交流、标准制定于一体的国家金融管理中心地位初步确立。2010 年 11 月，中欧陆家嘴国际金融研究院和中国社科院金融所联合课题组发布了《中国重点城市金融发展水平评估报告》，基于在资金集聚与辐射、金融风险管理水平、金融市场深化程度和金融产品多样性等方面的综合优势，北京在全国 35 个重点城市中排名第一。

2010 年，在京举办了第十四届全国地方金融论坛、第六届北京国际金融博览会、第八届北京国际金融论坛、第二届全球 PE 北京论坛等大型国际活动，并赴港主办了京港金融服务合作洽谈会，赴台组织了京台金融合作发展论坛。承担亚洲开发银行绿色金融技术援助项目。成功组织赴英国、美国、加拿大等国金融推介活动。首都金融的国际形象持续改善，北京在全球金融中心指数排名中位次提升至第 15 位。

12.4　金融运行与金融工作状况

12.4.1　金融业运行情况

总体运行情况。初步核算，截至 2012 年一季度，全市金融业实现增加值 549.2 亿元，同比增长 11.7%，占地区生产总值的比重为 14.6%，对经济增长的贡献率为 23.4%。在京法人金融机构超过 600 家，其中银行机构 30 家，证券业机构 64 家，保险公司 59 家，企业集团财务公司等非银行金融机构 69 家。保险业实现原保险保费收入 281.03 亿元，同比增长 11.5%，赔付支出 69.1 亿元，同比增长 11.7%。

要素市场规范有序发展，北交所集团整体交易活跃。截至 2012 年 3 月末，本市各类交易场所总交易额近 4 000 亿元。北京产权交易所集团累计成交额达 1 846.5 亿元，同比增长 145.5%。北京金融资产交易所累计成交额 1 220.8 亿元，相当于去年全年成交额的一半。北京石油交易所累计交易额 164.36 亿元。中国林业产权交易所完成了湖南省沅江市南嘴速生杨林流转项目，金额达463万元。北京国际矿业权交易所启动“中国铁矿石现货交易平台”，拟于近期正式运行。目前全球前四大铁矿石生产商——澳大利亚必和必拓公司、力拓公司、FMG和巴西淡水河谷公司都已正式签约成为平台会员。

股权投资基金业转入平稳发展期，募投金额均居全国首位。截至2012年3月末，北京市创业投资和股权投资管理机构达到726家，管理基金规模折合人民币10 741.4亿元。一季度，创业投资和股权投资在北京地区投资案例59起，涉及投资金额39.9亿元，占全国的比重分别为21.2%和18.4%，占比均居全国首位。北京市创业投资和股权投资管理机构共新募集基金29支，总额140.9亿元，居全国首位。本市备案创业投资企业达到71家，股权投资企业11家。

企业上市数量保持全国第二，后续潜力较大。2012年一季度，北京地区A股新上市公司11家，其中，主板1家，中小板5家，创业板5家，北京成为创业板和中小板上市公司数量增长最快的地区。截至2012年3月末，北京地区A股上市公司总数达到204家，按照中国证监会监管辖区统计标准，上市数量保持全国第二。按上市板块划分，其中主板123家，中小板37家，创业板44家；按控股股东性质划分，其中央属81家，市属30家，民营90家，外地国资3家。北京地区企业上市潜力较大，已过会待上市企业10家，已进入辅导备案程序的企业共157家。

12.4.2 重点领域进展情况

中关村科技金融建设工作加紧推进。2012年一季度，中关村代办股份转让系统新增挂牌企业10家，已挂牌企业达112家，参与试点企业达到172家。36家企业启动或完成了43次定向增资，融资额19亿元。5家挂牌企业在中小板和创业板上市。建设银行北京中关村分行开业。示范区新增A股上市公司7家(含过会未挂牌)，A股上市公司总数达到131家，其中主板50家，中小板31家，创业板50家，创业板的“中关村板块”已经形成，上市公司家数、融资额、市值、收入、利润等指标全部在区域板块中排名第一。

首都文化金融体系日趋丰富。2012年3月末，北京市中资银行发放文化创意产业人民币贷款余额457.5亿元，同比增长23.9%，累计投放额99.8亿元，同比增长15.9%。北京地区新上市文化创意企业5家，总数达49家。创业投资和股权投资在北京地区投资文化创意产业案例共2起，涉及投资金额3 200万元。一季度，国际版权交易中心版权挂牌交易业务成交金额7 800万元，艺术品实物发售业务成交金额2 000万元，影视贷项目服务4家企业的累计融资额1.1亿元，完成“北京中小雍和园文化创意中小企业发展集合资金信托计划(2期)”的发行工作，累计发行1 450万元信托贷款。

民生金融有力支持社会经济薄弱环节。启动高危行业和重点领域安全生产责任保险制度试点工作。平谷区政府与中国人民健康保险股份有限公司北京分公司合作开展“新型农村合作医疗共保联办项目”取得了积极成果，本市正积极研究扩大试点范围。北银消费金融公司创新产品与服务，探索特色业务模式，扩大服务对象和范围，有效拉动中低收入群体潜在消费需求。截至2012年3月末，“三通”工程累计布放大中小各类自助终端65 000台，累计开通70项便民缴费业务。农村基本金融服务“村村通”工程在怀柔区渤海镇启动，两个试点村试点一个月来共发生小额取款和账单查询业务221笔，当地农户评价良好。

农村金融服务体系进一步完善。截至 2012 年 3 月末，本市已批准设立 8 家村镇银行、51 家小额贷款公司、1 家“三农”信贷专营机构，其中 43 家小额贷款公司已开业运营，累计发放贷款 21.1 亿元，贷款余额 38.8 亿元。目前，本市已具备各种经济类型和股东结构的小额贷款公司，且增资扩股和拓宽经营范围的需求较强，小额贷款业整体健康有序发展。市农担公司累计批准担保项目 485 个，批准担保规模 18.53 亿元。市农投公司累计完成对外投资 12.5 亿元，已带动 50.7 亿元社会资金投入“三农”。政策性农业保险承保范围扩大至 19 类主要农业品种。积极推进“三信”工程，开展以农民专业合作社信用合作为基础的农村信用体系建设。北京农村产权交易所挂牌项目总金额 799.3 万元，成交总金额 121.2 万元。北京农副产品交易所共签约 15 家授权机构，发展交易商 963 个，累计成交额 1.1 亿元。研究制定大兴试验区农村金融改革实施方案。本市第二支农业题材集合票据拟于近期发行，规模达 4.3 亿元。

要素市场清理整顿工作稳步推进。积极落实国务院 38 号文件精神，对本市各类交易场所进行清理整顿。截至 2012 年 4 月初，各类交易场所的现场检查工作已基本结束，根据现场检查初步结果，除个别交易所存在违反国务院 38 号文件相关规定的交易行为外，本市交易所整体运营比较规范，基本符合国务院文件要求。下一步，将对各交易场所整改意见进行组织论证，报市清理整顿领导小组审议通过后，要求各交易场所限期完成整改工作，并由市工商局于 2012 年 6 月 30 日前对整改合格的交易场所统一安排年检工作。在清理整顿同时，本市注重从制度层面规范交易场所发展，组织拟订《北京市交易场所管理办法（试行）》，经反复研究论证后，得到中国证监会的肯定，认为本市规范要素市场发展的制度设计较为完善，希望在北京先行先试。

认真履行地方金融监管职责，加强金融风险管理和处置工作。组织开展融资担保机构现场检查和实收资本金核查，并完成 41 家融资性担保机构经营许可证审批，推进融资性担保机构业务监督管理系统上线试运行工作，研究起草《关于开展担保机构客户保证金专户管理工作的通知》，引导本市融资担保体系规范健康发展。截至 2012 年 3 月末，在京融资性担保机构为 110 家，均获 5 年期经营许可证。针对中担事件，协调相关部门、中担公司、客户代表及相关银行等研究风险处置工作。筹划推进 2012 年金融安全知识宣传活动。

12.4.3 融资工作基本情况

非金融企业融资总量保持较快增长。一季度全市非金融企业融资额突破 5 000 亿元，同比增长 28.4%，其中债券融资 3 396.3 亿元，A 股股票融资 273.9 亿元，直接融资占比较去年同期提高 6.2 个百分点。直接融资主导地位进一步巩固，其中，发行短期融资券 646.3 亿元，中期票据 682 亿元，企业债 618 亿元，私募债 350 亿元，超短期融资券 1 100 亿元。

融资统筹推进工作得到加强。推进政银企沟通交流机制提升为政金企沟通交流机制。市政府与中国农业银行签订“十二五”时期战略合作备忘录，在轨道交通、基础设施、保障性住房建设、城乡一体化发展、产业功能区建设、战略性新兴产业、区域合作等多个领域加强合作。将本市重大基础设施投资项目分解为轨道交通、文化创意等 6 个专题，一季度已召开 4 场重大项目及融资需求专项对接会，对接资金 930 亿元。截至 2012 年 3 月末，从去年初认定的 159 家平台公司中已调出 55 家，具备公司治理结构的 77 家平台公司正在加紧进行整改，争取调出平台名单。

保障房和轨道交通融资任务得到有效落实。2011 年，本市安排 500 亿元私募债券额度支持保障房建设，目前已有 6 家企业完成私募债注册发行，累计发行 221 亿元，为 26 个保障房项目提供资金支持，另有 36 亿元私募债额度已基本完成与保障房项目对接，拟于近期完成注册发行。印发《北京市金融支持保障性住房建设意见》。中国人寿资产管理有限公司发起设立的“中国人寿——北京京投债权投资计划”继 2011 年第一期 26 亿元保险资金到位后，2012 年一季度第二期 40 亿元获中国保监会批准并完成募集，为本市轨道交通建设提供了有力的资金支持。

总之，全市金融业在多个方面取得创新突破。尤其是金融体制机制、产品和服务等方面的创新领跑全国，同时金融要素市场体系加快构建，中国技术交易所、中国林权交易所等跨区域业务已辐射全国。北京产权交易所集团依托“一托十”模式，持续增强交易规模和影响力，全年交易金额超过 2 200 亿元，成为全国第一大产权市场。

12.5 北京地区金融业上市公司宏观分析

北京地区金融业 A 股上市公司有 9 家，它们是中国银行、工商银行、建设银行、民生银行、华夏银行、中信银行、北京银行、中国农业银行、光大银行和中国人寿。北京地区银行业非常耀眼，其资产规模、主营收入、净利润以及总股本等指标都遥遥领先，市场主导地位突出。从本书所附财务报表相关指标中，我们发现主营业务利润率指标总体来说差距不大，中国银行、工商银行和建设银行明显略高于其他银行，显示出国有银行改制上市后的威力。从净资产收益率指标来看，其中最好的是民生银行，但各行间差别不明显。4 家国有银行的年净资产收益率均超过了 10%，显示了银行较强的投资回报率。

但上市银行的资产负债率差异较大，资产负债率最低的是中国银行，其次是工商银行，而华夏银行和民生银行均超过了 97%。从现金债务总额比指标来看，华夏银行、民生银行和中信银行都出现过负值，说明其经营性现金比较紧张，而国有商业银行的这个指标表现良好，表明它们用现金偿付债务的能力和持续经营的能力较强。

第13章 结论及政策建议

13.1 本书主要结论

通过前面11章较翔实地对北京地区上市公司融资行为与融资结构问题的分析和实证研究，得出以下研究结论。

1. 资本结构和融资结构

北京地区上市公司的资本结构表现为资产负债率较低、流动负债占总负债总额的比重较高、长期资金来源中权益资本比重较高等特点；融资结构表现为外源融资在融资结构中占主导、股权融资在外源融资中占主导、股权融资比例随市场变化而波动、再融资方式随着政策环境而依次更迭等突出特点。

2. 北京地区上市公司较强的股权融资偏好

从融资行为看，北京地区上市公司与我国上市公司表现一致，即“先外源融资、后内源融资，重股权融资、轻债务融资”的融资偏好，这与西方的优序融资理论和实践存在明显的偏差。

3. 北京地区上市公司融资偏好的内部因素有公司特征和公司治理因素

这些内部影响因素既具有一般性的特征，又存在中国特殊的情形。特殊性主要体现在：公司的成长性与资本结构指标对融资偏好不存在显著影响，融资决策目标已偏离公司成长和完善资本结构的目标；上市公司在股权分置的格局下，股权结构，特别是非流通股比例称为影响融资偏好的重要因素，大股东与内部控制人在融资偏好上有严重的“自利行为”；中国特殊的融资政策环境使上市公司的盈利能力成为融资偏好的重要影响因素；税盾、非债务避税等因素对北京地区上市公司融资偏好的影响方向和国外上市公司正好相反。

4. 政策环境和市场环境是影响北京地区上市公司融资行为的外部因素

在政策环境因素中，决定了企业融资行为的选择空间。我国证券市场投资者法律保护制度相对滞后，导致了上市公司控制人的机会主义行为成本较低和股权融资的私人收益较高；证券市场监管对上市公司的融资行为有直接的影响，监管制度未能对上市公司控制人侵占其他投资者利益的行为进行有效制约，无法抑制上市公司不合理的融资行为偏好。

5. 北京地区上市公司股权融资的业绩效应、股价效应和公司治理效应也具有明显的特征

在业绩效应方面，北京地区上市公司存在比较明显的IPO负面效应，表现为业绩指标在IPO前均有较大增长，而在之后明显下滑，前后存在很大差异；配股对北京地区上市公司业绩的影响总体上是负面的，且负面效应随着年份的推移越来越明显；增发对北京地区上市公司业绩的影响基本上也是负面的，实施增发的公司在增发当年及后两年的业绩变化趋势有升有降。股价效应方面，北京地区上市公司配股和增发总体上都具有负面的股价效应，并经历了一个逐渐变负和负面效应逐渐增强的变化过程。在公司治理效应方面，北京地区上市公司债权融资的公司治理效应弱化，而股权融资直接影响了上市公司的股权集中度、股权性质结构，进而对上市公司的治理结构产生影响，存在一定的公司治理效应，使公司治理效率有所提高，但由于受客观条件的限制，治理效应是相当有限的。

根据理论分析和实证研究，本课题的结论是：目前，在中国及北京特定的政策环境下以及不健全的市场环境下，北京地区上市公司具有较强的股权融资偏好，存在典型的"异常优序融资"现象，这种现象使上市公司显现明显的负面效应；控制人主导是我国上市公司股权融资偏好形成机制的主要特征，"控制人剥夺其他投资者利益"是北京地区及我国上市公司融资行为的主要特点，这已经严重影响到证券市场的融资效率；股权结构成为了中国及北京地区上市公司融资偏好形成的主要决定性因素，因此应从优化股权结构和强化公司治理入手，以制衡控制人的权利为着眼点，将推进资本市场制度建设作为治理上市公司融资行为的总体思路。

13.2 政策性建议

1. 保持合理的负债率，强化债权硬约束

一般认为，负债率作为一个硬约束可以促使公司经理作出最佳的投资决策。我国上市公司的负债比率无论和国外公司还是国内的非上市公司比较，存在负债比率偏低的问题，我国上市公司具有利用债权融资的极大空间。一般而言，负债率在30%～50%、全部资本化比率在15%～30%之间是合理的；若负债率小于20%、全部资本化比率小于5%，则在财务上是绝对安全的。从银行贷款看，过去我国国有企业与国有银行之间通过贷款形成的债权普遍认为是"软约束"状况，经过几年银行体制改革，此种"软约束"得到一定程度的改进，但问题依然存在，因此，必须强化银行债权的约束，如建立强有力的偿债保障机制，充分发挥银行在上市公司中的相机治理作用。

2. 提高企业盈利水平，增强内源融资能力

从融资主体角度来说，上市公司应明确，企业若要谋求长远发展，应该注重自己"造血"而不是外部"输血"，内源融资是企业发展与壮大的最基本保障。内源融资能力就是企业在不断将自己的储蓄转化为投资的过程中，将其所获得的收入和利润重新投入到企业生产经营过程中，参加资金再循环的能力，它主要决定于企业的利润水平、净资产规模及相关的财务政策（如留存收益政策、折旧政策）等因素。上市公司必须建立有利于其自身资本积累的税收和适合企业现状的融资方式等财务制度。这样可以使得上市公司在提高经营效率的基础上积极地进行内源资本的积累，增强自身的实力。

3. 大力发展与完善债券市场

由于我国债券市场发展滞后，阻碍了上市公司利用债券融资方式的规模。大力发展和完善债券市场已成为当务之急。通过负债融资发挥负债的财务杠杆作用，从而提高净资产收益水平，改善公司的资本结构，使资本结构得到优化。大力发展和完善债券市场的具体措施如下。一是要推行企业债券发行的市场化改革，改变企业债券发行量和利率水平由政府决定的现状，由企业根据市场供求状况相对自主地确定发行利率、价格及数量；二是不断丰富债券品种，鼓励债券创新，为投资者提供更多更丰富的投资品种；三是放宽企业债券投资主体限制，逐步扩大投资者队伍，让商业银行等投资者也能参与投资企业债；四是降低企业债券的上市标准，简化企业债券上市手续，提高债券市场的流动性，建立投资企业债券的风险转移机制；五是建立规范、公开、公正、透明的债券评级体系，鼓励业绩优秀的企业积极进行债券融资。

4. 注重公司的规模

实证分析表明，规模越大的企业越容易通过债务融资获得所需资金，而且融资成本较低。具体问题具体分析，各上市公司应结合自身规模的大小来调整资本结构，如总资产的多少、主营业务收入的多少等，合理地选择资本来源，选择、确定一个最优的权益负债结构。规模大的公司，其负债率可以相对高些；规模小的公司，其负债率可以相对低些。

5. 完善公司治理结构

完善公司治理结构实质上要解决的是所有权和控制权相分离而产生的代理问题。由于公司治理结构存在缺陷，对经理人约束不足，经营者进行融资决策时追求的不是公司价值最大化，而是其自身利益最大化。完善公司治理结构，一方面，应进一步培育法人投资主体，提高法人股东的持股比例，使其发挥个人投资者既无积极性也无能力对上市公司实行主动的监控作用；另一方面，要培育和完善企业家市场，让经营者产生于市场又受制于市场，使股东和市场对内部人形成制约。

附表 1　剔除上市公司明细表

序号	公司代码	股票代码	公司名称	A股简称	行业代码	行业名称
1	C002038	002038	北京双鹭药业股份有限公司	双鹭药业	C	制造业
2	C002051	002051	中工国际工程股份有限公司	中工国际	K	社会服务业
3	C002065	002065	北京东华合创数码科技股份有限公司	东华软件	G	信息技术业
4	C002066	002066	北京瑞泰高温材料科技股份有限公司	瑞泰科技	C	制造业
5	C002148	002148	北京北纬通信科技股份有限公司	北纬通信	G	信息技术业
6	C002151	002151	北京北斗星通导航技术股份有限公司	北斗星通	C	制造业
7	C002153	002153	北京中长石基信息技术股份有限公司	石基信息	G	信息技术业
8	C002186	002186	中国全聚德(集团)股份有限公司	全聚德	K	社会服务业
9	C002271	002271	北京东方雨虹防水技术股份有限公司	东方雨虹	C	制造业
10	C002279	002279	北京久其软件股份有限公司	久其软件	G	信息技术业
11	C002306	002306	北京湘鄂情股份有限公司	湘鄂情	K	社会服务业
12	C002310	002310	北京东方园林股份有限公司	东方园林	A	农、林、牧、渔业
13	C002350	002350	北京科锐配电自动化股份有限公司	北京科锐	C	制造业
14	C002362	002362	汉王科技股份有限公司	汉王科技	G	信息技术业
15	C002368	002368	太极计算机股份有限公司	太极股份	G	信息技术业
16	C002371	002371	北京七星华创电子股份有限公司	七星电子	C	制造业
17	C002373	002373	北京联信永益科技股份有限公司	联信永益	G	信息技术业
18	C002383	002383	北京合众思壮科技股份有限公司	合众思壮	G	信息技术业
19	C002385	002385	北京大北农科技集团股份有限公司	大北农	C	制造业
20	C002392	002392	北京利尔高温材料股份有限公司	北京利尔	C	制造业
21	C002405	002405	北京四维图新科技股份有限公司	四维图新	G	信息技术业
22	C002410	002410	广联达软件股份有限公司	广联达	G	信息技术业
23	C002439	002439	北京启明星辰信息技术股份有限公司	启明星辰	G	信息技术业
24	C002450	002450	北京康得新复合材料股份有限公司	康得新	C	制造业
25	C002462	002462	嘉事堂药业股份有限公司	嘉事堂	H	批发和零售贸易业
26	C002467	002467	二六三网络通信股份有限公司	二六三	G	信息技术业
27	C002542	002542	中化岩土工程股份有限公司	中化岩土	E	建筑业
28	C002554	002554	华油惠博普科技股份有限公司	惠博普	B	采掘业
29	C002573	002573	北京国电清新环保技术股份有限公司	国电清新	C	制造业
30	C300002	300002	北京神州泰岳软件股份有限公司	神州泰岳	G	信息技术业
31	C300003	300003	乐普(北京)医疗器械股份有限公司	乐普医疗	C	制造业
32	C300005	300005	北京探路者户外用品股份有限公司	探路者	H	批发和零售贸易业
33	C300010	300010	北京立思辰科技股份有限公司	立思辰	G	信息技术业
34	C300011	300011	北京鼎汉技术股份有限公司	鼎汉技术	C	制造业

续表

序号	公司代码	股票代码	公司名称	A股简称	行业代码	行业名称
35	C300016	300016	北京北陆药业股份有限公司	北陆药业	C	制造业
36	C300034	300034	北京钢研高纳科技股份有限公司	钢研高纳	C	制造业
37	C300036	300036	北京超图软件股份有限公司	超图软件	G	信息技术业
38	C300038	300038	北京梅泰诺通信技术股份有限公司	梅泰诺	G	信息技术业
39	C300045	300045	北京华力创通科技股份有限公司	华力创通	G	信息技术业
40	C300048	300048	北京合康亿盛变频科技股份有限公司	合康变频	C	制造业
41	C300055	300055	北京万邦达环保技术股份有限公司	万邦达	M	综合类
42	C300058	300058	北京蓝色光标品牌管理顾问股份有限公司	蓝色光标	L	传播与文化业
43	C300065	300065	北京海兰信数据科技股份有限公司	海兰信	G	信息技术业
44	C300070	300070	北京碧水源科技股份有限公司	碧水源	K	社会服务业
45	C300071	300071	北京华谊嘉信整合营销顾问股份有限公司	华谊嘉信	L	传播与文化业
46	C300072	300072	北京三聚环保新材料股份有限公司	三聚环保	C	制造业
47	C300073	300073	北京当升材料科技股份有限公司	当升科技	C	制造业
48	C300075	300075	北京数字政通科技股份有限公司	数字政通	G	信息技术业
49	C300079	300079	北京数码视讯科技股份有限公司	数码视讯	G	信息技术业
50	C300104	300104	乐视网信息技术(北京)股份有限公司	乐视网	G	信息技术业
51	C300117	300117	北京嘉寓门窗幕墙股份有限公司	嘉寓股份	E	建筑业
52	C300139	300139	北京福星晓程电子科技股份有限公司	福星晓程	C	制造业
53	C300150	300150	北京世纪瑞尔技术股份有限公司	世纪瑞尔	G	信息技术业
54	C300156	300156	天立环保工程股份有限公司	天立环保	K	社会服务业
55	C300157	300157	恒泰艾普石油天然气技术服务股份有限公司	恒泰艾普	B	采掘业
56	C300166	300166	北京东方国信科技股份有限公司	东方国信	G	信息技术业
57	C300182	300182	北京捷成世纪科技股份有限公司	捷成股份	G	信息技术业
58	C300191	300191	潜能恒信能源技术股份有限公司	潜能恒信	B	采掘业
59	C300200	300200	北京高盟新材料股份有限公司	高盟新材	C	制造业
60	C300204	300204	舒泰神(北京)生物制药股份有限公司	舒泰神	C	制造业
61	C430013	430013	北京中农立民羊业科技股份有限公司	ST羊业	C	制造业
62	C430073	430073	北京兆信信息技术股份有限公司	兆信股份	G	信息技术业
63	C430074	430074	北京德鑫泉物联网科技股份有限公司	德鑫物联	C	制造业
64	C600015	600015	华夏银行股份有限公司	华夏银行	I	金融保险业
65	C600016	600016	中国民生银行股份有限公司	民生银行	I	金融保险业
66	C600313	600313	中垦农业资源开发股份有限公司	*ST中农	A	农、林、牧、渔业
67	C601169	601169	北京银行股份有限公司	北京银行	I	金融保险业

续 表

序号	公司代码	股票代码	公司名称	A股简称	行业代码	行业名称
68	C601288	601288	中国农业银行股份有限公司	农业银行	I	金融保险业
69	C601398	601398	中国工商银行股份有限公司	工商银行	I	金融保险业
70	C601628	601628	中国人寿保险股份有限公司	中国人寿	I	金融保险业
71	C601818	601818	中国光大银行股份有限公司	光大银行	I	金融保险业
72	C601939	601939	中国建设银行股份有限公司	建设银行	I	金融保险业
73	C601988	601988	中国银行股份有限公司	中国银行	I	金融保险业
74	C601998	601998	中信银行股份有限公司	中信银行	I	金融保险业

附表 2　北京地区上市公司(研究样本)行业分类明细表

序号	股票代码	公司名称/股票简称	上市地	行业类别	行业代码
1	000798	中水集团远洋股份有限公司/中水渔业	深市	农、林、牧、渔业	A
2	000860	北京顺鑫农业股份有限公司/顺鑫农业	深市	农、林、牧、渔业	A
3	600195	中牧实业股份有限公司/中牧股份	沪市	农、林、牧、渔业	A
4	600429	北京三元食品股份有限公司/三元股份	沪市	农、林、牧、渔业	A
5	600962	国投中鲁果汁股份有限公司/国投中鲁	沪市	农、林、牧、渔业	A
6	000758	中国有色金属建设股份有限公司/中色股份	深市	采掘业	B
7	600028	中国石油化工股份有限公司/中国石化	港/沪/纽/伦	采掘业	B
8	601088	中国神华能源股份有限公司/中国神华	沪/港	采掘业	B
9	601101	北京昊华能源股份有限公司/昊华能源	沪市	采掘业	B
10	601857	中国石油天然气股份有限公司/中国石油	港/纽/沪	采掘业	B
11	601898	中国中煤能源股份有限公司/中煤能源	沪市	采掘业	B
12	000666	经纬纺织机械股份有限公司/经纬纺机	深市	制造业	C
13	000725	京东方科技集团股份有限公司/京东方 A	深市	制造业	C
14	000729	北京燕京啤酒股份有限公司/燕京啤酒	深市	制造业	C
15	000786	北新集团建材股份有限公司/北新建材	深市	制造业	C
16	000902	中国服装股份有限公司/＊ST 中服	深市	制造业	C
17	000931	北京中关村科技发展(控股)股份有限公司/中关村	深市	制造业	C
18	000959	北京首钢股份有限公司/首钢股份	深市	制造业	C
19	000969	安泰科技股份有限公司/安泰科技	深市	制造业	C
20	000970	北京中科三环高技术股份有限公司/中科三环	深市	制造业	C
21	430003	北京时代科技股份有限公司/北京时代	深市	制造业	C
22	430004	北京绿创环保设备股份有限公司/绿创环保	新三板	制造业	C
23	430005	原子高科股份有限公司/原子高科	新三板	制造业	C
24	430010	现代农装科技股份有限公司/现代农装	新三板	制造业	C
25	430012	北京博晖创新光电技术股份有限公司/博晖创新	深市	制造业	C
26	430017	北京星昊医药股份有限公司/星昊医药	新三板	制造业	C
27	430018	北京合纵科技股份有限公司/合纵科技	新三板	制造业	C
28	430020	北京建工华创科技发展股份有限公司/建工华创	新三板	制造业	C
29	430025	北京石晶光电科技股份有限公司/石晶光电	新三板	制造业	C
30	430026	北京金豪制药股份有限公司/金豪制药	新三板	制造业	C
31	430028	北京京鹏环球科技股份有限公司/京鹏科技	新三板	制造业	C
32	430029	北京金泰得生物科技股份有限公司/金泰得	新三板	制造业	C
33	430031	北京林克曼数控技术股份有限公司/林克曼	新三板	制造业	C
34	430033	北京彩讯科技股份有限公司/彩讯科技	新三板	制造业	C
35	430034	北京九州大地生物技术集团股份有限公司/大地股份	新三板	制造业	C
36	430037	北京联飞翔科技股份有限公司/联飞翔	新三板	制造业	C
37	430040	北京康斯特仪表科技股份有限公司/康斯特	新三板	制造业	C

续表

序号	股票代码	公司名称/股票简称	上市地	行业类别	行业代码
38	430041	北京中机联供非晶科技股份有限公司/中机非晶	新三板	制造业	C
39	430044	北京东宝亿通科技股份有限公司/东宝亿通	新三板	制造业	C
40	430047	北京诺思兰德生物技术股份有限公司/诺思兰德	新三板	制造业	C
41	430049	北京双杰电气股份有限公司/双杰电气	新三板	制造业	C
42	430050	北京博朗环境工程技术股份有限公司/博朗环境	新三板	制造业	C
43	430056	北京航材百慕新材料技术工程股份有限公司/百慕新材	新三板	制造业	C
44	430057	北京清畅电力技术股份有限公司/清畅电力	新三板	制造业	C
45	430061	北京富机达能电气产品股份有限公司/富机达能	新三板	制造业	C
46	430069	北京天助畅运医疗技术股份有限公司/天助畅运	新三板	制造业	C
47	430070	北京赛亿科技股份有限公司/赛亿科技	新三板	制造业	C
48	430075	北京中讯四方科技股份有限公司/中讯四方	新三板	制造业	C
49	430078	北京君德同创农牧科技股份有限公司/君德同创	新三板	制造业	C
50	600055	北京万东医疗装备股份有限公司/万东医疗	沪市	制造业	C
51	600062	北京双鹤药业股份有限公司/双鹤药业	沪市	制造业	C
52	600085	北京同仁堂股份有限公司/同仁堂	沪市	制造业	C
53	600161	北京天坛生物制品股份有限公司/天坛生物	沪市	制造业	C
54	600166	北汽福田汽车股份有限公司/福田汽车	沪市	制造业	C
55	600176	中国玻纤股份有限公司/中国玻纤	沪市	制造业	C
56	600195	中牧实业股份有限公司/中牧股份	沪市	制造业	C
57	600206	有研半导体材料股份有限公司/有研硅股	沪市	制造业	C
58	600299	蓝星化工新材料股份有限公司/＊ST新材	沪市	制造业	C
59	600405	北京动力源科技股份有限公司/动力源	沪市	制造业	C
60	600435	中兵光电科技股份有限公司/中兵光电	沪市	制造业	C
61	600489	中金黄金股份有限公司/中金黄金	沪市	制造业	C
62	600560	北京金自天正智能控制股份有限公司/金自天正	沪市	制造业	C
63	600582	天地科技股份有限公司/天地科技	沪市	制造业	C
64	600855	北京航天长峰股份有限公司/航天长峰	沪市	制造业	C
65	600860	北人印刷机械股份有限公司/＊ST北人	港/沪	制造业	C
66	600962	国投中鲁果汁股份有限公司/国投中鲁	沪市	制造业	C
67	601992	北京金隅股份有限公司/金隅股份	港/沪	制造业	C
68	601989	中国船舶重工股份有限公司/中国重工	沪市	制造业	C
69	600980	北矿磁材科技股份有限公司/北矿磁材	沪市	制造业	C
70	601126	北京四方继保自动化股份有限公司/四方股份	沪市	制造业	C
71	601558	华锐风电科技(集团)股份有限公司/华锐风电	沪市	制造业	C
72	601600	中国铝业股份有限公司/中国铝业	沪市	制造业	C
73	601718	际华集团股份有限公司/际华集团	沪市	制造业	C

续表

序号	股票代码	公司名称/股票简称	上市地	行业类别	行业代码
74	601766	中国南车股份有限公司/中国南车	港/沪	制造业	C
75	600011	华能国际电力股份有限公司/华能国际	沪/纽/港	电力、煤气及水	D
76	600578	北京京能热电股份有限公司/京能热电	沪市	电力、煤气及水	D
77	600900	中国长江电力股份有限公司/长江电力	沪市	电力、煤气及水	D
78	601991	大唐国际发电股份有限公司/大唐发电	港/沪	电力、煤气及水	D
79	000065	北方国际合作股份有限公司/北方国际	深市	建筑业	E
80	601390	中国中铁股份有限公司/中国中铁	港/沪	建筑业	E
81	601668	中国建筑股份有限公司/中国建筑	沪市	建筑业	E
82	000916	华北高速公路股份有限公司/华北高速	深市	交通运输、仓储业	F
83	600270	中外运空运发展股份有限公司/外运发展	沪市	交通运输、仓储业	F
84	601299	中国北车股份有限公司/中国北车	沪市	交通运输、仓储业	F
85	601111	中国国际航空股份有限公司/中国国航	沪/港/伦	交通运输、仓储业	F
86	600386	北京巴士股份有限公司/北京巴士	沪市	交通运输、仓储业	F
87	600405	北京动力源科技股份有限公司/动力源	沪市	信息技术业	G
88	000839	中信国安信息产业股份有限公司/中信国安	深市	信息技术业	G
89	000938	紫光股份有限公司/紫光股份	沪/深	信息技术业	G
90	600037	北京歌华有线电视网络股份有限公司/歌华有线	沪市	信息技术业	G
91	600100	同方股份有限公司/同方股份	沪市	信息技术业	G
92	600118	中国东方红卫星股份有限公司/中国卫星	沪市	信息技术业	G
93	600288	大恒新纪元科技股份有限公司/大恒科技	沪市	信息技术业	G
94	600410	北京华胜天成科技股份有限公司/华胜天成	沪市	信息技术业	G
95	600485	北京中创信测科技股份有限公司/中创信测	沪市	信息技术业	G
96	600536	中国软件与技术服务股份有限公司/中国软件	沪市	信息技术业	G
97	600588	用友软件股份有限公司/用友软件	沪市	信息技术业	G
98	600658	北京兆维科技股份有限公司/兆维科技	沪市	信息技术业	G
99	600198	大唐电信科技股份有限公司/大唐电信	沪市	信息技术业	G
100	600764	中电广通股份有限公司/中电广通	沪市	信息技术业	G
101	600271	航天信息股份有限公司/航天信息	沪市	信息技术业	G
102	002065	东华合创数码科技有限公司/东华软件	深市	信息技术业	G
103	400006	北京理工中兴科技股份有限公司/京中兴5	新三板	信息技术业	G
104	430002	中科软科技股份有限公司/中科软	新三板	信息技术业	G
105	430008	北京紫光华宇软件股份有限公司/紫光华宇	创业板	信息技术业	G
106	430009	北京华环电子股份有限公司/华环电子	新三板	信息技术业	G
107	430011	北京指南针科技发展股份有限公司/指南针	新三板	信息技术业	G

续表

序号	股票代码	公司名称/股票简称	上市地	行业类别	行业代码
108	430014	北京恒业世纪科技股份有限公司/恒业世纪	新三板	信息技术业	G
109	430015	北京盖特佳信息安全技术股份有限公司/盖特佳	新三板	信息技术业	G
110	430016	北京胜龙科技股份有限公司/胜龙科技	新三板	信息技术业	G
111	430019	北京新松佳和电子系统股份有限公司/新松佳和	新三板	信息技术业	G
112	430021	北京海鑫科金高科技股份有限公司/海鑫科金	新三板	信息技术业	G
113	430022	北京五岳鑫信息技术股份有限公司/五岳鑫	新三板	信息技术业	G
114	430023	北京佳讯飞鸿电气股份有限公司/佳讯飞鸿	新三板	信息技术业	G
115	430024	北京金和软件股份有限公司/金和软件	新三板	信息技术业	G
116	430027	北京北科光大信息技术股份有限公司/北科光大	新三板	信息技术业	G
117	430030	北京安控科技股份有限公司/安控科技	新三板	信息技术业	G
118	430032	北京凯英信业科技股份有限公司/凯英信业	新三板	信息技术业	G
119	430036	北京鼎普科技股份有限公司/鼎普科技	新三板	信息技术业	G
120	430038	北京信维科技股份有限公司/信维科技	新三板	信息技术业	G
121	430039	北京华高世纪科技股份有限公司/华高世纪	新三板	信息技术业	G
122	430042	北京市科瑞讯科技发展股份有限公司/科瑞讯	新三板	信息技术业	G
123	430043	北京世纪东方国铁科技股份有限公司/世纪东方	新三板	信息技术业	G
124	430045	北京东土科技股份有限公司/东土科技	新三板	信息技术业	G
125	430046	北京圣博润高新技术股份有限公司/圣博润	新三板	信息技术业	G
126	430048	北京建设数字科技股份有限公司/建设数字	新三板	信息技术业	G
127	430051	北京九恒星科技股份有限公司/九恒星	新三板	信息技术业	G
128	430052	北京斯福泰克科技股份有限公司/斯福泰克	新三板	信息技术业	G
129	430062	北京中科国信科技股份有限公司/中科国信	新三板	信息技术业	G
130	430063	工控网(北京)信息技术股份有限公司/工控网	新三板	信息技术业	G
131	430064	北京金山顶尖科技股份有限公司/金山顶尖	新三板	信息技术业	G
132	430071	北京首都在线科技股份有限公司/首都在线	新三板	信息技术业	G
133	430076	北京国基科技股份有限公司/国基科技	新三板	信息技术业	G
134	430077	北京道隆华尔软件股份有限公司/道隆软件	新三板	信息技术业	G
135	430079	北京环拓科技股份有限公司/环拓科技	新三板	信息技术业	G
136	430080	北京尚水信息技术股份有限公司/尚水股份	新三板	信息技术业	G
137	430081	北京莱富特佰网络科技股份有限公司/莱富特佰	新三板	信息技术业	G
138	000151	中成进出口股份有限公司/中成股份	深市	批发和零售贸易业	H
139	000882	北京华联商厦股份有限公司/华联股份	深市	批发和零售贸易业	H
140	600056	中国医药保健品股份有限公司/中国医药	沪市	批发和零售贸易业	H

续 表

序号	股票代码	公司名称/股票简称	上市地	行业类别	行业代码
141	600058	五矿发展股份有限公司/五矿发展	沪市	批发和零售贸易业	H
142	600361	北京华联综合超市股份有限公司/华联综超	沪市	批发和零售贸易业	H
143	600511	国药集团药业股份有限公司/国药股份	沪市	批发和零售贸易业	H
144	600723	北京市西单商场股份有限公司/西单商场	沪市	批发和零售贸易业	H
145	600859	北京王府井百货(集团)股份有限公司/王府井	沪市	批发和零售贸易业	H
146	600861	北京城乡贸易中心股份有限公司/北京城乡	沪市	批发和零售贸易业	H
147	000402	金融街控股股份有限公司/金融街	深市	房地产业	J
148	000609	北京绵世投资集团股份有限公司/绵世股份	深市	房地产业	J
149	600007	中国国际贸易中心股份有限公司/中国国贸	沪市	房地产业	J
150	600159	北京市大龙伟业房地产开发股份有限公司/大龙地产	沪市	房地产业	J
151	600240	北京华业地产股份有限公司/华业地产	沪市	房地产业	J
152	600246	北京万通地产股份有限公司/万通地产	沪市	房地产业	J
153	600266	北京城建投资发展股份有限公司/北京城建	沪市	房地产业	J
154	600376	北京首都开发股份有限公司/首开股份	沪市	房地产业	J
155	600463	北京空港科技园区股份有限公司/空港股份	沪市	房地产业	J
156	600657	北京天桥北大青鸟科技股份有限公司/信达地产	沪市	房地产业	J
157	600791	京能置业股份有限公司/京能置业	沪市	房地产业	J
158	600890	中房置业股份有限公司/ST 中房	沪市	房地产业	J
159	601588	北京北辰实业股份有限公司/北辰实业	沪/港	房地产业	J
160	000931	北京中关村科技发展(控股)有限公司/中关村	深市	房地产业	J
161	000802	北京京西风光旅游开发股份有限公司/北京旅游	深市	社会服务业	K
162	430068	北京纬纶华业环保科技股份有限公司/ 纬纶环保	新三板	社会服务业	K
163	600138	中青旅控股股份有限公司/中青旅	沪市	社会服务业	K
164	600258	北京首都旅游股份有限公司/首旅股份	沪市	社会服务业	K
165	601117	中国化学工程股份有限公司/中国化学	沪市	社会服务业	K
166	601888	中国国旅股份有限公司/中国国旅	沪市	社会服务业	K
167	600008	北京首创股份有限公司/首创股份	沪市	社会服务业	K
168	000504	北京赛迪传媒投资股份有限公司/＊ST 传媒	深市	传播与文化业	L
169	000839	中信国安信息产业股份有限公司/中信国安	深市	综合类	M

附表 3　2005—2010 年度北京地区上市公司主要盈利能力指标汇总表

(a)　2005 年度北京地区上市公司主要盈利能力指标汇总表

股票简称	总资产/亿元	主营业务收入/亿元	净利润/万元	主营业务利润率/%
北新建材	45.097 7	20.432 158 6	16 262	17.314 159 3
京东方 A	209.225	135.139 000 9	−149 609.074 9	1.859 814 2
经纬纺机	54.420 6	42.768 271 45	14 473	16.934 368
金融街	73.223 8	20.023 818	42 233	32.074 406 6
*ST 传媒	6.480 23	2.226 201 723	200.28	32.397 352
北方国际	13.307 7	12.492 171 26	2 465	7.976 923 1
燕京啤酒	79.641 5	53.483 032 22	33 079	25.910 170 4
中成股份	30.817 5	14.238 281 57	4 736.8	14.912 120 6
中色股份	26.580 9	10.384 025 14	19 615	19.591 978 7
绵世股份	7.699 77	2.206 094 243	2 748.3	17.208 459 9
中水渔业	9.756 33	1.916 887 859	692.73	33.845 893 6
安泰科技	25.522 1	16.846 917 62	10 815	16.832 430 7
中关村	48.464 6	5.064 261 241	−53 051	53.302 837 4
华北高速	32.519 2	7.382 661 526	24 854	50.965 452 9
顺鑫农业	31.274 4	29.122 720 3	10 148	16.085 945 1
华联股份	13.466 4	13.386 138 15	1 306.6	25.130 713 3
北京旅游	6.062 59	1.572 544 617	1 458.5	37.916 723 9
紫光股份	16.309 6	34.096 809 24	−2 532	6.199 573 3
中信国安	74.282 4	18.134 317 05	25 602	42.147 261 2
首钢股份	151.374	212.277 964 6	75 286	8.287 884 3
*ST 中服	11.406 9	16.602 948 5	1 352	5.333 215 8
中科三环	19.906 7	16.513 254 65	17 595	28.155 083 3
华业地产	13.642 7	0.148 425 717	893.98	46.989 858 8
万通地产	19.146 7	8.579 541 774	8 172.3	22.643 519
航天信息	29.166 5	25.399 729 35	31 736	24.907 292 9
大唐电信	49.456 2	15.564 265 73	−69 595	12.950 498 8
大恒科技	22.420 8	32.269 737 56	6 838	10.737 763 5
有研硅股	10.585 6	3.274 724 905	366.32	16.894 817 7
北京城建	56.001 8	18.482 304 43	17 316	23.379 134 8
首旅股份	17.923 7	12.805 473 79	7 191.9	34.544 354 3
外运发展	47.260 2	49.643 790 03	67 885	37.705 950 7
中牧股份	16.047 8	16.199 945 43	6 645.5	27.454 917
路桥建设	43.369 8	35.177 093 89	6 233.5	6.942 087 1
北巴传媒	43.171 3	24.866 329 96	−14 426	3.516 272 5
动力源	5.248 24	2.280 118 151	898.14	32.645 918 5

续表

股票简称	总资产/亿元	主营业务收入/亿元	净利润/万元	主营业务利润率/%
中创信测	3.375 05	1.175 497 799	−3 895	38.989 555 4
华联综超	24.330 8	57.616 917 17	13 029	17.969 752 4
中金黄金	17.257 2	44.497 224 55	11 370	11.056 568 8
首开股份	28.031 2	4.579 295 495	2 079.5	17.684 633 7
中兵光电	6.738 23	2.599 691 657	1 638.2	23.653 792 5
华胜天成	13.324 2	11.279 762 33	10 207	20.390 281 5
空港股份	6.990 04	3.301 740 739	3 459.8	24.018 818 3
*ST新材	39.634	24.924 893 13	21 621	21.396 116 5
三元股份	12.359 5	9.650 350 37	−6 092	21.351 064 4
京能热电	19.165 5	15.476 222 04	13 371	16.116 559
天地科技	10.585 6	9.222 597 143	10 933	23.374 986 4
中电广通	13.804 8	9.932 786 748	6 634.3	13.998 562 2
中国软件	15.244 8	11.542 328 78	6 977.9	29.838 184 6
京能置业	9.883 22	2.930 720 524	2 671.6	28.971 144 7
金自天正	8.683 9	3.226 677 113	1 610.4	12.820 210 4
电子城	5.159 89	4.257 232 327	254.84	16.139 927 3
用友软件	14.924 8	10.011 873 6	9 930.3	87.476 154 3
西单商场	17.364 1	17.108 805 35	410.15	21.727 434 3
国药股份	12.806	23.358 971 75	4 347.2	8.752 045 3
信达地产	24.792 1	12.364 859 36	−359 81	9.803 584 3
中国国航	690.62	403.032 430 8	191 622	18.154 785 4
*ST北人	21.273 8	10.016 548 49	4 838.5	26.692 024
长江电力	393.568	72.774 486 82	333 867	73.539 373 5
航天长峰	7.716 860 116	2.416 163 815	2 869	36.468 784 8
ST中房	4.850 740 386	4.513 201 296	−25 267	7.978 423 4
国投中鲁	35.878 747 13	6.337 854 786	4 971.2	28.397 85
北矿磁材	23.523 218 38	2.165 789 869	1 738.7	21.655 090 5
王府井	2.898 756 151	50.907 880 07	3 733.8	18.677 586 8
中国神华	3.596 742 694	522.42	1 704 900	53.386 164 4
北京城乡	0.481 885 786	13.133 445 45	4 547.5	21.235 642 8
现代农装	5.579 550 096	3.650 611 824	939.77	20.448 841 6
鹫峰5	0.976 682 687	0.576 303 958	240.88	42.637 886 3
指南针	7.716 860 116	0.094 620 018	−398.1	50.070 009 9
京中兴5	4.850 740 386	2.624 154 663	190.63	11.729 507 6
华环电子	35.878 747 13	0.435 358 514	184.53	47.939 921 1
中国国贸	20.432 158 6	7.781 7	246 68	57.706 927 8

续 表

股票简称	总资产/亿元	主营业务收入/亿元	净利润/万元	主营业务利润率/%
万东医疗	135.139 000 9	4.986 795 176	1 851.8	31.340 521 9
中国石化	42.768 271 45	7 999.54	4 246 000	14.319 948 4
首创股份	20.023 818	4.826 612 955	48 541	57.903 917 9
歌华有线	2.226 201 723	8.955 482 767	27 066	42.755 644
华能国际	12.492 171 26	403.107 703	557 364	21.887 994 5
中国石油	53.483 032 22	5 345.08	12 734 700	44.577 443 2
北辰实业	14.238 281 57	29.180 409 86	22 009	25.875 460 4
中国铁建	10.384 025 14	1 141.253 46	44 169	6.944 051 7
大唐发电	2.206 094 243	179.976 28	303 529	28.181 141 4
中国铝业	1.916 887 859	371.231 69	700 680	36.453 121 8
中国中铁	16.846 917 62	1 157.977 93	57 860	8.201 299 7
同仁堂	5.064 261 241	26.135 538 22	41 313	43.970 880 7
同方股份	108.425	98.048 767 24	17 852	13.547 931 6
福田汽车	54.294 6	147.605 301 2	−29 666	6.949 473
五矿发展	272.191	666.204 036 7	35 176	3.006 216 9
中国玻纤	37.980 8	14.864 917 15	21 198	32.592 256 7
双鹤药业	38.132 9	46.106 195 1	18 997	26.470 315 3
大龙地产	12.175 3	2.780 012 769	1 142.6	16.249 741 5
中国卫星	11.158 5	4.415 857 768	717.58	14.918 173 8
天坛生物	8.487 63	3.433 586 316	6 900.5	55.073 599 3
中国医药	16.738 8	19.319 953 38	8 486.4	10.488 885 1
中青旅	30.405 1	23.291 678 41	5 211.2	11.684 938 9

(b) 2006 年度北京地区上市公司主要盈利能力指标汇总表

股票简称	总资产/亿元	主营业务收入/亿元	净利润/万元	主营业务利润率/%
福田汽车	64.117 8	193.655 133 7	4 817.3	7.714 414 4
中国卫星	12.473 9	8.945 296 491	5 841.5	13.147 779 2
中国玻纤	54.899 4	20.409 957 72	237 60	31.687 951 2
大龙地产	11.503 3	4.647 441 795	2 275.9	19.341 212 8
双鹤药业	32.593 2	40.667 372 3	17 922	28.020 455 8
同方股份	126.599	121.765 349 5	30 965	13.675 586 4
天坛生物	10.645 5	4.138 472 894	10 483	60.733 941
中国医药	17.274 3	27.032 667 93	8 624.8	8.604 899 7
同仁堂	38.156 6	24.078 125 78	23 265	39.121 548
五矿发展	215.215	764.887 058 5	54 517	3.165 750 8
中青旅	33.433 9	28.769 792 32	9 767.9	13.090 922 6

续表

股票简称	总资产/亿元	主营业务收入/亿元	净利润/万元	主营业务利润率/%
中电广通	14.123 5	12.424 197 33	−3 868	18.177 902 2
用友软件	16.063 1	11.135 679 23	17 212	87.640 470 9
京能置业	10.831 2	4.066 764 952	3 626.9	27.550 027 9
电子城	5.465 93	4.948 150 338	−640 6	8.889 743 5
金自天正	10.303 4	4.150 821 1	2 536	14.733 891 2
天地科技	22.457 8	18.711 989 41	25 294	24.595 905 8
西单商场	16.598 4	19.501 809 22	757.71	20.887 528 5
国药股份	13.620 5	28.101 504 27	8 061.8	9.029 859 5
京能热电	19.431	15.316 608 87	13 627	18.969 562 8
中国软件	17.560 7	13.928 182 02	9 744.6	32.486 620 4
信达地产	18.587 3	12.088 881 53	1 937.6	10.666 180 2
中科三环	22.944	17.511 563 64	16 390	26.149 082 8
华联股份	12.077 6	13.262 599 01	1 815.3	27.340 684 3
顺鑫农业	35.569 2	32.138 504 24	10 657	15.615 554 8
*ST 中服	12.127 8	17.399 424 42	1 874.9	4.750 761 2
华北高速	32.284 6	7.903 080 185	25 878	51.054 722 5
中信国安	93.984 5	18.058 405 25	41 773	43.307 425 1
安泰科技	32.589 7	21.032 729 29	13 047	15.764 074 3
首钢股份	169.265	221.506 110 2	44 658	6.136 852 8
紫光股份	17.587 9	35.101 945 46	2 226.2	6.578 165 4
北京旅游	5.958 47	1.614 108 808	2 090.5	51.200 205 7
中关村	44.505 9	4.979 270 564	249.67	44.421 472 5
五岳鑫	0.369 76	0.283 476 815	705.18	52.710 413 5
北科光大	0.250 84	0.079 299 7	73.238	73.498 893 8
京鹏科技	0.434 34	0.561 974 257	99.984	17.677 708 7
金和软件	0.150 71	0.112 206 687	213.98	94.339 384
建工华创	0.320 25	0.181 015 233	516.54	58.341 196 6
新松佳和	0.320 14	0.401 662 384	925.47	37.054 704 7
佳讯飞鸿	1.375 52	1.094 322 309	1 622.8	42.899 204 9
金豪制药	0.571 89	0.340 879 571	307.93	41.107 388 8
海鑫科金	0.830 5	0.491 837 519	955.15	62.606 651 8
石晶光电	1.221 71	0.539 369 226	657.87	39.435 619 6
合纵科技	1.321 65	0.796 572 871	819.4	26.901 123 5
中水渔业	8.668 22	1.931 029 853	117.49	35.567 278 1
*ST 传媒	6.374 78	2.285 370 996	217.65	27.830 636
金融街	112.191	34.817 161 71	51 457	27.372 896 4

续表

股票简称	总资产/亿元	主营业务收入/亿元	净利润/万元	主营业务利润率/%
绵世股份	6.864 74	2.138 738 7	3 193.3	21.516 686 3
经纬纺机	53.089 2	46.666 421 69	20 089	18.045 466 2
中成股份	21.900 8	10.948 970 27	4 810	18.444 145 8
北新建材	48.878 1	27.986 910 55	19 546	17.633 684 7
中色股份	32.851 2	23.028 016 86	59 561	34.774 607
燕京啤酒	87.744 4	61.664 830 71	37 078	26.222 250 6
北方国际	14.667	15.031 283 14	1 854.2	7.216 478 6
京东方 A	162.121	88.157 409 02	−174 061.796 8	−13.089 654 3
中创信测	4.241 43	1.855 939 951	1 503.3	54.595 497 3
华胜天成	16.731 5	17.214 430 28	14 069	19.692 581 7
中金黄金	22.026 5	53.913 587 95	25 915	13.325 040 8
中兵光电	8.149 57	3.809 317 854	2 020.9	29.945 548 4
首开股份	41.868	0.490 329 173	169.63	25.712 473 3
动力源	6.460 84	3.721 964 581	824.26	27.595 768 8
空港股份	10.566 7	3.654 041 583	3 832.3	25.383 649 3
*ST 新材	56.599 6	37.431 136 72	202 45	14.310 427 3
北巴传媒	30.912 3	25.866 836 29	−33 921	−6.687 117 4
华联综超	33.070 8	64.381 626 03	16 749	18.246 491 3
三元股份	11.474 6	10.002 134 38	1 180.5	21.629 195 2
航天信息	34.724 1	36.932 073 51	43 320	28.520 105 3
首旅股份	17.390 1	14.672 142 81	8 706.5	31.628 696 3
大恒科技	25.460 7	32.659 553 51	7 126.4	10.470 638 4
北京城建	70.121	21.347 287 29	11 806	26.306 197 2
有研硅股	10.695 2	4.911 476 366	1 787.9	14.399 055 9
万通地产	46.400 5	2.507 133 029	2 892.9	33.480 111
外运发展	54.801 2	59.032 838 83	102 216	38.222 584 1
中牧股份	18.641 6	14.866 618 68	13 323	35.014 978 7
华业地产	13.849 2	11.202 754 88	11 734	16.556 705 6
大唐电信	37.605 6	21.541 647 81	−71 229	23.603 153 8
路桥建设	52.976 3	42.170 991 27	7 614.3	6.773 279 7
北辰实业	146.899	28.434 896 11	381 73	35.733 646 1
中国铝业	761.947	610.001 36	1 197 366.7	35.159 977 3
大唐发电	890.745	248.502 28	348 556	28.531 633 6
中国中铁	1 434.28	1 595.184 71	232 159	7.672 453 8
中国建筑	1 164.37	1 332.059 65	358 931	7.080 251 2
中国石油	8 151.44	6 889.78	142 747 00	39.870 068 4

续 表

股票简称	总资产/亿元	主营业务收入/亿元	净利润/万元	主营业务利润率/%
四方股份	11.154 1	7.409 511 515	7 960.1	44.209 439 5
金隅股份	151.517	69.996 59	13 805	18.599 577 5
中国铁建	1 245.5	1 584.880 92	149 759	6.054 719 9
中科软	3.483 44	4.554 225 018	1 699.8	12.851 897 7
胜龙科技	0.342 42	0.194 969 811	158.54	43.175 002
恒业世纪	0.467 47	0.340 324 659	208.07	29.819 036 1
华环电子	0.979 78	0.537 480 928	230.94	38.482 063 3
指南针	0.556 71	0.266 175 669	902.44	73.887 437 9
博晖创新	0.805 34	0.293 819 326	1 295.5	78.003 636
京中兴 5	4.236 74	2.630 785 84	−14 230	6.517 115 9
鹫峰 5	4.048 8	0.606 615 11	415.66	40.283 518 3
现代农装	3.455 18	3.705 591 904	191.85	19.139 465 1
北矿磁材	5.476 27	2.544 204 816	1 026.9	13.859 772 7
ST 中房	5.148 24	0.235 810 871	2 894.2	42.363 990 7
中国国航	871.174	473.308 789 2	417 578	15.313 061 5
长江电力	407.638	69.342 613 5	361 913	68.795 096 9
中国神华	1 633.2	642.4	1 915 300	50.744 084 7
*ST 北人	21.329 1	9.671 786 306	−8 948	21.114 664 3
北京城乡	25.011 1	14.253 848 52	7 424.1	21.746 708
航天长峰	8.211 39	3.238 906 806	2 135	29.378 528 1
王府井	42.387 1	64.754 613 62	21 569	18.494 779 4
国投中鲁	16.444 9	8.397 503 997	5 077.4	26.216 102 5
万东医疗	7.935 72	5.167 938 228	2 970.5	32.630 178 6
歌华有线	44.624 8	10.332 941 33	43 266	42.705 802 4
中国石化	5 945.5	10 455.48	1 915 300	13.125 461 5
中国国贸	60.195	8.173 34	24 119	59.158 609 7
华能国际	1 084.91	443.616 546 7	644 542	23.526 290 8
首创股份	110.523	11.398 628 98	50 574	44.713 394 2

(c) 2007年度北京地区上市公司主要盈利能力指标汇总表

股票简称	总资产/亿元	主营业务收入/亿元	净利润/万元	主营业务利润率/%
中国国贸	71.365 9	8.864 463 84	28 966	56.908 531 8
歌华有线	50.313 3	11.849 156 6	36 725	36.759 027 5
中国石化	7 185.72	12 048.43	5 715 300	13.078 716 5
华能国际	1 221.39	504.346 140 5	641 761	18.519 905 3
万东医疗	8.884 25	5.322 658 903	2 793.9	30.802 633 8
首创股份	114.787	14.106 541 19	61 931	42.446 793 3
首开股份	228.064	72.551 634 69	33 862	18.903 434 8
华胜天成	24.81	22.434 497 64	17 951	19.406 985 9
北巴传媒	31.922	19.475 423 42	4 917.7	4.713 162
动力源	7.801 08	4.894 768 989	348.91	24.609 416 6
中创信测	4.945 97	1.944 815 946	2 693.2	56.869 204 7
空港股份	14.147 4	7.298 283 767	5 502	20.631 433 7
中金黄金	37.745 3	112.495 672 2	41 763	8.205 284 7
中兵光电	7.528 29	2.968 815 881	－3 623	21.199 900 7
华联综超	38.327 4	74.019 480 59	20 208	19.789 086 5
*ST新材	93.157 5	79.004 730 44	43 324	14.007 806 3
三元股份	12.297 3	11.022 600 66	1 597.8	18.710 328 4
北京旅游	6.115 76	1.456 195 26	1 080.4	47.231 463 3
华北高速	40.906	8.014 237 049	31 291	57.489 575 2
中科三环	24.666 9	20.741 889 87	19 526	24.865 857 1
安泰科技	35.546 4	26.019 669 4	18 272	15.255 437 9
*ST中服	11.919	22.146 887 85	1 584.6	5.340 846
顺鑫农业	41.445 7	45.211 320 47	16 557	15.256 131 7
首钢股份	182.209	273.210 852 8	60 983	5.425 514 4
紫光股份	19.529 4	40.943 227 2	2 229.8	6.399 226 6
华联股份	11.365	13.381 696 02	2 558.6	27.217 262 5
中信国安	104.008	23.214 417 57	31 263	36.115 720 6
中关村	47.082 3	22.323 091 81	9 571.2	15.356 783 8
双鹤药业	36.734 6	45.566 163 81	45 761	29.457 548 1
中国卫星	27.287	10.121 674 94	8 890.9	11.424 045 9
同仁堂	41.946 8	27.028 509 39	31 260	39.097 520 2
同方股份	174.197	146.258 867 4	63 718	15.136 932 8
福田汽车	77.312 2	278.652 421	38 798	8.526 188 7
天坛生物	10.949 1	5.305 046 877	14 932	61.719 988 5
中国玻纤	85.046 6	32.008 674 37	63 375	32.691 86
大龙地产	30.754 1	3.259 374 629	3 587.9	25.469 393 2

续 表

股票简称	总资产/亿元	主营业务收入/亿元	净利润/万元	主营业务利润率/%
五矿发展	332.536	850.578 793 1	107 160	3.710 560 8
中国医药	27.228 9	24.751 604 42	26 303	12.120 844 1
中青旅	45.804 4	45.324 960 46	23 673	15.552 977 3
金自天正	13.733 3	5.210 752 032	3 706.2	17.468 300 1
用友软件	30.304 9	13.568 496 93	35 965	86.258 755 4
京能热电	29.395 4	16.449 601 31	18 948	18.256 090 2
天地科技	39.962 6	32.871 124	59 612	30.476 004 3
中电广通	23.581 9	22.827 908 12	8 754.4	13.081 947 8
西单商场	18.354	21.069 159 1	2 071.9	22.140 697 2
京能置业	14.724 8	14.004 991 39	15 852	23.291 998 5
电子城	4.975 29	4.141 844 121	736.73	17.196 047 1
中国软件	24.371 3	19.049 112 45	12 206	30.727 054 1
国药股份	19.559 8	35.737 880 11	13 016	10.094 243 3
信达地产	14.378 4	12.551 251 02	—4 831	16.993 591 6
北方国际	13.427 3	10.463 916 21	—5 412	5.733 812 1
经纬纺机	63.860 1	54.326 619 55	17 561	13.155 785 7
中水渔业	12.687	2.947 685 422	1 278.9	9.672 162 8
北新建材	53.366 8	31.432 337 72	25 470	20.165 955 1
绵世股份	11.294 8	4.753 813 694	14 214	37.509 395 3
金融街	138.664	42.143 618 72	73 237	31.853 616 4
中色股份	79.326 4	54.346 448 53	76 738	21.738 091 5
燕京啤酒	108.855	74.362 246 05	49 334	25.046 625 4
*ST 传媒	6.813 11	3.190 859 347	366.89	16.620 201 4
中成股份	10.502 4	7.181 675 026	4 041.4	13.772 661 3
京东方 A	133.813	111.704 488 6	89 711	16.920 837
康斯特	0.454 86	0.356 055 145	693.38	65.988 639 1
中兴通	1.703 81	0.273 953 444	2 246.3	63.791 284 3
华高世纪	0.224 87	0.159 728 613	641.33	67.193 870 6
科瑞讯	0.439 53	0.190 663 423	130	34.042 442 3
博朗环境	0.958 72	0.687	1 205.2	32.339 883 6
世纪东方	1.550 98	1.060 180 035	4 249.9	62.134 108 4
双杰电气	1.542 58	0.704 509 452	739.34	37.755 787 7
中机非晶	0.452 4	0.937 691 778	1 325	17.449 010 6
大地股份	1.126 97	2.106 067 62	376.22	16.708 026 3
圣博润	0.175 72	0.441 113 851	45.5	16.608 194 2
联飞翔	0.316 77	0.092 971 676	296.99	71.824 485 1

续表

股票简称	总资产/亿元	主营业务收入/亿元	净利润/万元	主营业务利润率/%
东宝亿通	0.092 13	0.034 196 8	163.85	70.493 367 8
信维科技	0.241 33	0.245 218 291	629.15	58.357 659 9
东土科技	0.321 72	0.230 451 589	423.31	65.854 089 9
鼎普科技	0.366 28	0.173 879 086	358.99	67.569 003 9
诺思兰德	0.111 79	0.037 149 51	194.61	84.111 652
建设数字	0.566 74	0.203 949 276	402.68	40.477 863
九恒星	0.260 41	0.210 018 168	866.03	69.713 954 9
彩讯科技	0.460 37	0.611 941 159	719.84	46.521 241 3
石晶光电	1.310 22	0.577 160 38	655.85	34.450 725 1
海鑫科金	1.098 7	0.706 841 852	1 752.9	60.715 597 3
林克曼	0.233 9	0.148 804 488	705.47	64.539 205 7
金泰得	0.228 71	0.431 156 84	123.08	13.390 559 1
佳讯飞鸿	1.816 54	1.561 698 005	2 603.6	36.226 099 6
京鹏科技	0.869 37	0.732 804 683	319.21	17.741 149 8
新松佳和	0.428 3	0.390 521 913	599.64	39.846 776
建工华创	0.557 12	0.500 912 316	1 348.8	46.721 300 1
凯英信业	0.361 33	0.670 165 133	454.74	14.961 945 9
北科光大	0.325 19	0.131 633 153	403.87	81.632 478 7
五岳鑫	0.525 63	0.375 455 197	1 192.6	66.875 429 1
金和软件	0.136 87	0.186 733 605	414.74	90.730 260 1
金豪制药	0.642 11	0.298 741 129	146.38	46.371 389 6
安控科技	0.730 01	0.433 029 178	578.22	37.951 422 6
合纵科技	1.477 75	1.001 217 882	1 183.6	23.161 993 6
*ST 北人	22.168 2	10.715 097 55	937.37	22.463 524 7
长江电力	643.141	87.353 916 85	537 248	68.131 455 1
中国国航	882.952	497.389 21	377 385	16.538 788 6
ST 中房	4.944 76	2.679 202 6	−5 954	13.959 384 9
北京城乡	26.293 2	15.642 476 89	7 012.3	22.211 331 7
昊华能源	18.617 5	25.696 135 85	33 661	39.399 608 2
中国神华	2 388.21	821.07	2 314 800	48.179 814 1
北矿磁材	5.273 79	2.939 198 116	−5 080	7.811 411
王府井	65.015 7	89.360 104 35	27 764	17.832 501 9
航天长峰	8.647 37	3.758 559 885	501.99	25.254 642 7
国投中鲁	23.062 3	15.375 211 52	9 957	21.342 830 5
中国铝业	943.384	761.804 48	1 160 943.7	24.184 790 8
中国建筑	1 659.39	1 683.058 05	706 524	8.767 932 3

续表

股票简称	总资产/亿元	主营业务收入/亿元	净利润/万元	主营业务利润率/%
中国铁建	1 568.78	1 774.872 88	314 857	6.422 476 9
大唐发电	1 215.16	328.293 05	440 860	26.943 467 1
中煤能源	579.594	368.233 08	545 504	41.213 613 9
中国中铁	2 152.13	1 805.068 2	350 053	7.310 711
北辰实业	204.064	43.541 053 23	46 183	28.254 782 3
金隅股份	219.796	83.687 662	67 445	21.657 831 7
中国石油	9 940.92	8 350.37	12 594 600	33.441 272 7
中国国旅	28.413	59.667 220 63	26 698	17.977 879 5
四方股份	13.560 7	9.373 134 603	10 508	46.180 097
有研硅股	11.365 9	6.849 063 99	5 947.9	21.067 154 3
首旅股份	18.834 8	18.195 512 84	16 347	33.408 656 3
华业地产	29.129 7	6.899 861 038	14 353	36.129 966
万通地产	80.752	21.762 100 21	27 505	26.845 794 1
航天信息	42.619 9	48.246 418 49	59 300	24.129 310 2
外运发展	72.019 5	85.379 284 77	63 445	21.396 824 6
大恒科技	25.608 2	34.335 500 27	10 298	10.508 524 4
北京城建	102.165	15.795 920 47	31 337	33.169 243 4
大唐电信	34.332 2	24.685 967 44	4 552.4	23.536 599
中牧股份	18.049 7	17.214 523 2	17 427	32.459 247 3
路桥建设	53.548 3	50.868 386 43	8 850	6.135 342 8
鹫峰 5	3.976 51	0.499 967 685	−1 243	30.031 847 2
胜龙科技	0.442 51	0.219 467 09	522.38	51.391 915 9
华环电子	0.970 56	0.699 225 831	291.45	33.247 765 2
北京时代	2.481 94	2.481 487 225	2 042.4	28.724 180 6
紫光华宇	3.237 28	2.185 561 03	3 093.7	31.482 657 3
恒业世纪	0.554 62	0.401 533 883	339.23	34.144 135 1
中科软	3.678 42	5.600 151 882	2 509.1	11.793 485 1
博晖创新	1.06	0.406 286 179	2 229.7	75.257 444 1
原子高科	2.474 56	2.159 809 853	2 428.5	39.811 780 1
指南针	1.694 29	1.863 348 015	4 872	52.224 207 9
绿创环保	1.872 54	1.488 729 149	723.74	15.104 370 7

(d)　2008 年度北京地区上市公司主要盈利能力指标汇总表

股票简称	总资产/亿元	主营业务收入/亿元	净利润/万元	主营业务利润率/%
北京时代	0.443 648 773	3.105 62	2.719 232 042	30.945 659 9
华环电子	0.524 294 85	1.019 58	0.929 612 994	31.167 706 1

续表

股票简称	总资产/亿元	主营业务收入/亿元	净利润/万元	主营业务利润率/%
胜龙科技	0.242	0.360 02	0.134 694 365	32.802 706 6
京中兴 5	2.567 2	3.576 9	1.256 508 65	13.377 104 3
中科软	1.125	4.237 29	7.481 935 944	19.786 615 8
紫光华宇	0.52	3.492 93	2.916 085 12	34.608 511 5
恒业世纪	0.385 741 36	0.822 71	0.487 598 443	36.259 928
原子高科	0.662 8	3.070 89	2.573 862 221	43.074 379 3
博晖创新	0.768	1.454 02	0.514 626 634	75.800 585 8
星昊医药	0.576 919 605	1.669 86	1.042 677 604	39.461 201 6
指南针	0.731 3	1.821 81	1.288 916 989	47.172 720 2
绿创环保	0.869 399	1.732 41	1.010 605 197	7.426 946 7
盖特佳	0.407 592 27	0.559 76	0.135 352 015	80.041 872 7
现代农装	0.5	6.118 43	5.364 967 063	22.744 356 5
鹫峰 5	1.35	3.644 47	0.409 976 164	17.707 235 6
联飞翔	0.305 6	0.513 77	0.218 031 91	51.555 190 2
科瑞讯	0.223 3	0.437 62	0.210 979 172	35.498 250 7
博朗环境	0.4	0.866 75	0.628 427 139	25.567 009 1
双杰电气	0.651 8	1.116 56	1.126 523 704	39.980 636 2
鼎普科技	0.2	0.291 69	0.204 986 64	47.801 129 3
建设数字	0.338	0.519 7	0.213 816 578	40.997 609 8
大地股份	0.5	1.288 61	3.506 597 276	18.686 97
诺思兰德	0.095	0.114 14	0.021 968 068	58.588 098 3
彩讯科技	0.221 8	0.556 92	0.950 771 875	44.668 678 8
康斯特	0.306	0.509 19	0.418 514 428	75.843 621 6
华高世纪	0.05	0.210 91	0.101 668 464	53.957 737
圣博润	0.109	0.172 76	0.248 042 483	43.687 481 4
东土科技	0.200 564	0.465 44	0.423 761 443	63.068 032
中机非晶	0.38	0.578 07	1.834 740 87	15.407 951 5
中兴通	1.1	1.699 72	0.753 154 907	72.476 155 3
信维科技	0.186 8	0.307 01	0.233 678 319	55.254 697 5
东宝亿通	0.28	0.309 62	0.125 480 84	91.884 859 7
世纪东方	0.616	1.281 27	0.347 393 301	57.109 186 4
顺鑫农业	4.385 4	65.691 5	51.755 171 94	17.387 636 6
华北高速	10.9	35.239 7	8.038 476 1	41.903 383 5
中科三环	5.076	24.684 3	20.794 302 6	23.133 296 3
*ST 中服	2.58	12.063 4	20.211 593 11	4.675 314 9
安泰科技	4.412 636 8	41.025 6	30.003 194 4	15.099 841 1

续 表

股票简称	总资产/亿元	主营业务收入/亿元	净利润/万元	主营业务利润率/%
首钢股份	29.665 260 57	174.052	245.128 572 6	5.345 191 1
中信国安	15.599 999 78	104.019	19.051 374 79	32.540 542 5
华联股份	2.492	8.552 04	3.715 227 603	21.268 393 3
紫光股份	2.060 8	22.121 8	38.673 553 86	6.890 284 1
北京旅游	1.374 901 8	5.598 42	1.563 123 909	53.181 443 7
中关村	6.748 469 4	40.157 7	20.560 613 13	21.233 643 7
中国国贸	10.072 825 34	81.296 1	8.970 555 97	55.220 618 6
纬纶环保	0.2	0.717 09	0.319 954 148	46.526 812 3
万东医疗	2.164 5	10.215 1	6.035 962 835	32.856 055
金山顶尖	0.32	0.795 48	2.450 073 113	7.936 273
中国石化	867.02	7 522.35	14 521.01	4.718 611 2
歌华有线	10.601 861 42	56.711 2	13.597 645 15	28.696 747 8
工控网	0.02	0.114 22	0.194 739 28	49.092 877 6
斯福泰克	0.12	0.151 17	0.157 089 379	75.752 118 4
华能国际	120.553 834 4	1 645.88	678.251 370 8	1.242 094 3
富机达能	0.15	0.292 3	0.129 852 371	32.297 219
中讯四方	0.035	0.118 74	0.067 317 816	42.709 931 1
百慕新材	0.242	0.694 08	1.248 598 061	17.459 758 1
首创股份	22	129.029	17.342 917 2	41.123 635 3
九恒星	0.11	0.243 58	0.213 578 142	69.477 216 8
天助畅运	0.05	0.168 19	0.115 390 474	87.256 783 8
首开股份	8.098	221.537	58.398 899 31	30.008 552
华胜天成	4.191 051 6	26.736 2	29.454 445 18	20.107 086 7
中金黄金	3.593 663 5	80.764 9	145.028 986 8	11.240 383
动力源	2.086 872	7.941 55	5.809 561 159	24.897 669 7
中创信测	1.366 32	5.817 77	2.799 746 386	49.794 252 4
空港股份	2.52	15.537 2	7.310 965 097	23.981 728 5
*ST 新材	5.227 075 6	115.57	80.173 773 86	8.160 415 2
北巴传媒	4.032	20.013 4	8.604 022 001	34.091 060 7
华联综超	4.848 079 18	52.132 1	86.184 545 15	18.826 941 6
中兵光电	2.227 175 18	20.899 6	11.505 694 49	32.918 503 8
三元股份	6.35	14.038 8	14.136 309 85	19.968 390 5
金融街	24.812 129 59	274.988	55.950 769 93	36.460 171 5
经纬纺机	6.038	60.105 8	37.078 954 4	11.264 644 2
中水渔业	3.194 55	12.372 3	3.024 881 462	18.132 354
绵世股份	2.980 955 22	10.381	6.554 169 67	83.620 471 9

续表

股票简称	总资产/亿元	主营业务收入/亿元	净利润/万元	主营业务利润率/%
北新建材	5.751 5	50.063 1	24.961 451 8	22.037 364 7
中色股份	5.808	85.680 2	49.379 562 27	21.570 975 4
中成股份	2.959 8	11.555	6.411 124 826	16.468 252 6
*ST 传媒	3.115 739 01	5.365 23	1.974 557 11	11.621 445 5
燕京啤酒	12.102 669 63	116.173	82.464 833 77	24.824 022
北方国际	1.624 371 2	22.077 8	11.050 255 87	11.393 673 4
京东方 A	32.829 024 47	139.411	83.340 157 71	7.497 914 7
双鹤药业	4.764 132 9	42.690 2	49.515 243 68	30.320 619 5
中国卫星	2.937 816 58	28.636 9	19.943 113 74	15.067 249 1
中国玻纤	4.273 92	127.974	40.083 685 41	31.988 548 1
同方股份	9.769 705 54	180.804	139.280 326 9	18.128 237 1
福田汽车	9.164 085	98.334 8	300.698 318 1	7.818 142 6
天坛生物	4.882 5	11.963 3	6.827 004 319	64.126 323 7
中国医药	2.391 984	24.408 1	30.791 571 1	14.409 754 5
同仁堂	5.208 262 78	45.500 7	29.390 495 11	40.253 039 6
五矿发展	10.719 107 11	376.978	1 132.038 075	4.692 683 2
大龙地产	4.150 016 16	31.758 8	1.372 127 025	27.821 363 9
中青旅	4.153 5	46.281 7	45.884 009 2	20.183 923 5
金自天正	0.993 98	16.397 8	5.597 838 093	20.068 797 1
用友软件	4.666 835 75	31.099 7	17.256 329 57	84.912 882 1
京能置业	4.528 8	33.279 2	4.918 617 699	36.811 368 7
天地科技	6.744	60.263 9	40.959 119 68	31.396 788 3
中电广通	3.297 269 84	16.857	17.947 372 32	13.878 916
西单商场	4.097 180 38	18.222 8	23.257 341 95	21.795 138
国药股份	2.394	19.968 7	43.854 724 69	9.104 632 2
京能热电	5.733 6	50.055 4	16.964 002 92	16.636 978 4
中国软件	1.613 110 84	25.882 1	22.408 127 8	31.318 539 7
电子城	1.670 231 16	4.465 39	3.324 184 14	13.289 333 9
信达地产	15.242 604 42	111.235	27.541 784 58	26.762 532 3
有研硅股	2.175	11.344	10.254 567 53	15.546 509
首旅股份	2.314	18.578 2	17.922 088 04	38.956 513 3
大恒科技	3.36	25.839 2	31.553 132 47	12.885 691 1
万通地产	5.07	73.851 7	48.406 970 56	30.342 497 2
航天信息	6.156	46.956 4	59.308 771 58	23.417 491 1
外运发展	9.054 817 2	46.541 6	32.882 477 68	3.025 357 3
中牧股份	3.9	19.259 6	18.248 394 19	41.586 453 5

续表

股票简称	总资产/亿元	主营业务收入/亿元	净利润/万元	主营业务利润率/%
华业地产	6.45	35.467 2	5.334 387 234	37.237 779 8
大唐电信	4.389 864	36.378 3	27.060 624	24.719 892 6
北京城建	7.41	106.251	24.399 335 45	26.057 887 2
路桥建设	4.081 330 1	78.419 2	67.622 678 24	5.150 483 7
*ST北人	4.22	19.595 2	7.590 507 86	9.297 536 4
长江电力	94.120 854 57	577.394	88.070 924 97	59.671 689 4
中国国航	122.513 62	988.977	529.699 98	6.189 067 6
ST中房	5.791 949 25	3.992 4	0.316 042 796	29.013 455 8
昊华能源	3.44	28.317 3	41.442 017 05	39.978 590 2
中国神华	198.9	2 784.07	1 071.33	46.955 653 3
航天长峰	2.926 04	7.854 71	3.629 271 264	22.780 359 8
北京城乡	3.168 049 49	26.834 5	16.535 374 95	20.943 336
王府井	3.929 730 26	61.867 4	101.740 431 2	18.019 158 7
北矿磁材	1.3	4.580 58	2.468 094 74	5.349 549 3
国投中鲁	2.017	17.912 2	13.611 666 5	30.295 469 2
海鑫科金	0.553 36	1.341 32	0.868 748 698	56.787 383 1
石晶光电	0.565 08	1.523 21	0.702 306 366	34.699 298 2
新松佳和	0.25	0.486 55	0.470 388 674	39.578 580 9
凯英信业	0.233 8	0.634 5	0.750 636 023	20.045 268 2
林克曼	0.2	0.343 99	0.149 402 24	64.373 924 9
合纵科技	0.821 8	2.019 46	1.245 839 962	24.929 085 5
佳讯飞鸿	0.63	1.943	1.913 441 399	35.972 256 3
安控科技	0.436 6	0.942 9	0.758 386 713	45.226 006 6
金泰得	0.214 725 04	0.283 81	0.553 072 85	14.226 240 8
建工华创	0.255	0.595 74	0.554 948 311	33.349 559 3
京鹏科技	0.378 531 26	0.961 62	1.001 831 033	18.280 004 8
五岳鑫	0.328	0.651 51	0.377 932 419	75.872 672 4
北科光大	0.28	0.436 65	0.211 629 439	69.803 230 3
金和软件	0.051 3	0.273 17	0.346 853 561	94.967 172 2
金豪制药	0.42	0.619 62	0.304 681 917	47.618 764 3
中国建筑	180	2 041.68	2 020.967 99	7.521 765 8
中国中铁	212.999	2 520.96	2 346.192 83	7.351 512 1
金隅股份	28	257.843	88.845 604	23.716 390 1
四方股份	3.187 34	15.622 6	11.740 098 54	43.567 789 1
中国铝业	135.244 88	1 355.28	767.259 41	8.503 601 1
大唐发电	117.800 38	1 572.81	368.357 61	11.018 803 2

续 表

股票简称	总资产/亿元	主营业务收入/亿元	净利润/万元	主营业务利润率/%
中煤能源	132.586 63	946.79	514.649 34	39.590 943 6
北辰实业	33.670 2	256.193	41.812 706 18	34.445 424 1
中国国旅	6.6	30.203 6	58.186 431 7	20.685 427 1
中国石油	1 830.21	11 949	10 711.46	25.300 846
中国南车	118.4	454.887	357.681 470 7	16.569 167 9
华锐风电	1.5	84.323	51.460 648 66	16.857 938 5
中国铁建	123.375 42	2 201.02	2 261.407 08	6.988 174 4

(e) 2009 年度北京地区上市公司主要盈利能力指标汇总表

股票简称	总资产/亿元	主营业务收入/亿元	净利润/万元	主营业务利润率/%
中国中铁	212.999	3 117.81	3 459.736 19	5.901 350 2
中国建筑	300	2 925.84	2 603.796 35	8.292 640 9
中国铝业	135.244 88	1 339.75	702.680 05	1.341 963 5
大唐发电	117.800 38	1 820.64	479.429 23	16.969 261 6
中国重工	66.51	417.898	185.622 975 6	17.570 567 5
中煤能源	132.586 63	1 096.81	537.295 03	34.153 478
北辰实业	33.670 2	263.56	49.009 630 4	33.947 263
中国国旅	8.8	54.993 6	60.645 056 06	21.787 677 6
中国北车	83	633.411	405.159 22	12.245 575 9
中国石油	1 830.21	14 507.4	10 192.75	25.156 998 8
中国铁建	123.375 42	2 829.9	3 555.207 69	6.342 362
四方股份	3.187 34	15.474 1	12.351 175 92	40.209 709 2
华锐风电	9	170.224	137.303 029 7	20.367 609 7
中国南车	118.4	549.894	463.926 683 7	16.036 725 8
际华集团	27	103.281	110.276 208 5	13.139 763 2
金隅股份	38.733 325	418.122	127.670 141	25.060 961 6
用友软件	6.278 588 5	38.195 1	23.470 057 14	80.638 425 7
天地科技	6.744	85.065 9	66.004 193 95	34.010 674 3
国药股份	4.788	27.768	51.945 995 35	8.683 181 3
中电广通	3.297 269 84	16.317 7	13.497 144 32	8.009 572
中国软件	2.256 938 79	28.538 2	24.288 552 02	31.936 093 4
西单商场	4.097 180 38	18.753 6	24.855 647 33	21.524 678 5
京能热电	5.733 6	74.879 4	18.507 035 94	12.639 955 3
电子城	5.800 974 02	26.805 3	12.914 749 35	51.027 614 1
中金黄金	7.906 059 7	125.526	187.120 953 8	10.641 605 5
信达地产	15.242 604 42	117.661	41.038 795 57	29.947 256 5

续 表

股票简称	总资产/亿元	主营业务收入/亿元	净利润/万元	主营业务利润率/%
金自天正	0.993 98	16.601 8	6.706 116 242	16.621 934 2
华胜天成	4.610 156 76	29.452 4	33.543 716 53	18.249 787 4
动力源	2.086 872	8.790 87	6.057 273 562	37.143 421 7
*ST新材	5.227 075 6	123.905	77.730 672 08	7.062 481 8
中创信测	1.366 32	6.212 91	2.346 675 811	50.121 570 5
华联综超	4.848 079 18	55.554 2	92.574 036 62	18.606 984 5
空港股份	2.52	21.252 8	7.561 532 191	16.859 464 6
北巴传媒	4.032	16.506 3	14.393 597 17	23.442 091 6
中兵光电	4.964 4	30.725	17.278 999 67	19.268 864 5
大恒科技	4.368	27.412 6	32.781 857 84	12.191 088
三元股份	8.85	25.422 7	23.795 927 67	21.434 788 1
首开股份	11.497 5	331.026	51.940 881 86	26.710 436 7
纬纶环保	0.35	0.781 52	0.365 388 195	48.179 742 6
中国国贸	10.072 825 34	89.661 6	8.711 878 28	56.359 271 2
金山顶尖	0.32	0.920 03	2.593 361 225	7.993 171 4
莱富特佰	0.1	0.110 01	0.051 711 866	79.585 858 1
清畅电力	0.2	0.593 85	0.330 315 672	38.357 987 7
尚水股份	0.04	0.142 63	0.117 145 696	41.466 115 7
歌华有线	10.603 608 98	58.657 4	15.159 978 57	26.496 843 2
环拓科技	0.05	0.112 98	0.083 862 086	46.779 848 9
君德同创	0.05	0.131 11	0.233 866 624	37.189 594 1
中国石化	867.02	8 664.75	13 450.52	13.111 240 3
工控网	0.106 8	0.134 3	0.169 646 428	63.491 605 4
道隆软件	0.15	0.205 64	0.180 263 474	39.698 695 9
国基科技	0.429 25	0.883 04	0.807 076 158	33.471 619 3
百慕新材	0.363	0.742 72	1.381 056 967	19.252 746 5
中讯四方	0.035	0.205 49	0.104 593 873	39.640 228 4
华能国际	120.553 834 4	1 939.97	797.423 308 7	15.820 424 1
中科国信	0.101 827	0.166 79	0.071 163 821	40.747 496 1
首都在线	0.044 44	0.136 99	0.216 058 484	48.038 704
首创股份	22	144.452	26.379 205 77	37.044 632 4
九恒星	0.209	0.380 46	0.526 119 831	47.567 324 1
富机达能	0.15	0.261 42	0.145 573 455	28.638 510 5
天助畅运	0.15	0.249 82	0.160 606 452	89.800 727 1
大地股份	0.5	1.783 49	3.489 898 165	22.002 317 9
科瑞讯	0.223 3	0.517 98	202.553 122	35.268 034

续表

股票简称	总资产/亿元	主营业务收入/亿元	净利润/万元	主营业务利润率/%
中机非晶	0.38	0.591 99	1.247 488 923	11.063 119
博朗环境	0.4	1.031 57	0.101 424 113	67.199 163 3
双杰电气	0.651 8	1.699 55	1.665 010 478	39.431 071 1
康斯特	0.306	0.692 42	0.551 561 8	72.990 768 1
建设数字	0.338	0.600 8	0.299 617 254	36.450 090 4
诺思兰德	0.095	0.112 59	0.022 312 417	72.053 586 6
中兴通	1.1	1.878 33	0.716 542 529	71.648 696
华高世纪	0.188	0.316 94	0.190 262 086	49.308 067
圣博润	0.109	0.241 18	0.201 276 474	78.258 458 6
鼎普科技	0.2	0.468 95	0.502 984 846	62.521 950 9
东土科技	0.250 705	0.737 54	0.669 819 543	64.394 708
东宝亿通	0.28	0.453 69	0.197 768	87.545 734 3
凯英信业	0.233 8	0.671 9	1.141 134 273	13.029 711
彩讯科技	0.266 16	0.601 23	1.068 157 322	33.442 798 4
联飞翔	0.305 6	0.954 12	0.315 516 412	37.173 282 9
世纪东方	0.616	2.131 5	1.099 538 522	48.216 898 5
华环电子	0.524 294 85	1.124 67	1.051 123 267	30.125 111 1
中科软	1.125	5.103 46	9.420 727 585	19.681 484 1
胜龙科技	0.242	0.437 5	0.109 692 006	33.487 448 3
紫光华宇	0.555	4.517 95	3.343 538 965	37.759 511
盖特佳	0.407 592 27	0.542 69	0.178 130 101	59.884 144 6
恒业世纪	0.501 463 76	0.900 05	0.620 873 012	34.221 505 1
原子高科	0.662 8	3.625 09	3.041 035 378	50.916 747
博晖创新	0.768	1.779	0.635 833 682	77.121 338
指南针	0.731 3	1.258 69	0.503 778 313	72.720 736 9
鹭峰 5	1.35	2.508 66	0.154 926 659	9.087 872 8
绿创环保	0.869 399	1.727 77	1.044 559 505	17.931 081 7
京中兴 5	2.567 2	3.291 43	1.351 598 649	12.285 311 2
现代农装	0.5	8.522 48	7.850 025 533	25.616 841 1
北京时代	0.504 248 223	3.729 44	2.836 557 869	31.564 700 1
长江电力	110	1 618.61	110.150 339 2	56.324 450 1
中国国航	122.513 62	1 061.63	510.953 69	14.958 676 6
ST 中房	5.791 949 25	4.881 15	1.114 936 458	42.461 348 8
航天长峰	2.926 04	7.360 4	3.539 287 623	22.424 517 4
昊华能源	3.44	35.024 3	30.969 319 14	34.845 599 4
王府井	3.929 730 26	74.133 1	110.988 227 1	17.577 984 2

续 表

股票简称	总资产/亿元	主营业务收入/亿元	净利润/万元	主营业务利润率/%
中国神华	198.9	3 105.14	1 213.12	46.194 935 4
北京城乡	3.168 049 49	27.237 5	16.368 806 67	19.862 020 8
北矿磁材	1.3	4.129 54	2.152 836 666	2.350 333
中国化学	49.33	316.013	280.545 101 8	10.206 064
京能置业	4.528 8	29.141 8	1.902 654 308	53.160 469 2
国投中鲁	2.017	16.301 5	9.054 467 738	19.107 865 2
*ST 北人	4.22	17.377 8	7.676 685 873	8.493 917
首旅股份	2.314	18.870 1	16.493 729 77	44.289 825 2
万通地产	10.14	94.995 7	24.639 918 77	27.397 480 3
中牧股份	3.9	25.398 3	21.029 770 28	39.277 147
航天信息	9.234	55.485 6	74.913 097 64	21.420 579 4
大唐电信	4.389 864	33.510 1	32.110 661 79	22.180 924 8
外运发展	9.054 817 2	53.757 6	21.988 624 11	8.230 386 5
华业地产	6.45	66.759 8	12.100 414 91	19.388 906 7
北京城建	7.41	150.583	34.381 028 71	36.065 616 1
中国玻纤	4.273 92	137.077	31.709 356 44	14.422 556 3
路桥建设	4.081 330 1	121.788	95.759 902 32	5.552 984 6
有研硅股	2.175	11.247 3	4.750 991 91	6.789 419 4
金融街	24.812 129 59	423.541	62.314 851 96	25.475 470 7
经纬纺机	6.038	68.171	35.714 722 95	7.912 371 2
中水渔业	3.194 55	7.144 53	3.199 034 516	26.157 118
绵世股份	2.980 955 22	10.593 7	0.146 236 02	29.069 699 6
北新建材	5.751 5	59.936 6	32.750 280 41	30.639 896 9
中色股份	6.388 8	93.412 7	46.253 670 11	18.327 374 2
北方国际	1.624 371 2	23.385	18.740 918 94	7.702 211
中成股份	2.959 8	11.191 2	7.060 118 871	13.032 823
*ST 传媒	3.115 739 01	4.122 43	1.783 099 543	9.668 035
燕京啤酒	12.102 669 63	118.559	94.901 183 61	27.992 459 8
京东方 A	82.829 024 47	306.14	62.491 941 26	−6.963 759
顺鑫农业	4.385 4	80.264	60.871 109 9	16.866 630 4
华北高速	10.9	42.199	8.169 190 595	43.690 463 3
中科三环	5.076	24.180 4	15.661 768 36	23.185 908 5
*ST 中服	2.58	12.785 2	16.216 645 73	5.837 817 7
安泰科技	4.412 636 8	48.559 2	31.309 622 98	13.519 936 2
首钢股份	29.665 260 57	185.076	227.881 781 3	3.702 152 2
北京旅游	1.374 901 8	5.896 55	1.622 289 825	54.648 520 8

续表

股票简称	总资产/亿元	主营业务收入/亿元	净利润/万元	主营业务利润率/%
中信国安	15.679 305 41	108.183	19.682 478 62	27.326 438 1
华联股份	4.938 505 01	26.446 2	4.292 885 555	23.902 943 5
紫光股份	2.060 8	19.812 3	40.976 498 91	4.012 533 5
中关村	6.748 469 4	38.087 3	23.294 446 76	19.951 637 7
金和软件	0.112 86	0.380 62	0.428 884 58	96.200 494
林克曼	0.2	0.531 99	0.314 835 226	66.318 244 1
安控科技	0.436 6	1.312 36	1.091 277 174	53.606 051 7
建工华创	0.255	1.176 06	0.604 187 207	37.771 730 9
佳讯飞鸿	0.63	2.467 1	2.308 065 871	37.000 671
金泰得	0.214 725 04	0.302 26	0.960 534 496	15.414 014 6
京鹏科技	0.378 531 26	1.358 35	1.314 318 03	25.658 552 5
五岳鑫	0.328	0.819 13	0.469 258 619	76.050 688 7
北科光大	0.28	0.408 17	0.215 777 38	58.694 129 8
金豪制药	0.42	0.728 79	0.519 107 516	58.142 971 9
合纵科技	0.821 8	2.411 45	2.098 245 287	35.030 964 7
新松佳和	0.25	0.554 1	0.520 315 593	44.272 099 8
海鑫科金	0.553 36	1.726 09	1.195 708 554	55.819 773
石晶光电	0.565 08	1.588 32	0.980 687 236	18.228 877 2
中国卫星	3.525 379 9	35.487 5	24.067 666 98	14.643 819 2
同方股份	9.769 705 54	213.899	153.877 357 5	15.070 337 6
中国医药	2.391 984	54.654	47.900 062 17	11.004 132 7
福田汽车	9.164 085	176.573	448.396 229 8	10.718 886 1
五矿发展	10.719 107 11	419.327	943.056 825 6	2.064 396 4
天坛生物	4.882 5	21.610 2	11.002 529 76	62.261 123 8
同仁堂	5.208 262 78	49.222 7	32.502 198 84	42.726 944 8
大龙地产	4.150 016 16	30.069 4	17.481 974 8	29.669 447 7
万东医疗	2.164 5	9.703 94	6.834 412 395	30.689 927 8
中青旅	4.153 5	56.470 9	61.908 716 57	20.626 500 4
双鹤药业	5.716 959 48	47.169 7	50.379 464 18	33.261 181 8

(f) 2010 年度北京地区上市公司主要盈利能力指标汇总表

股票简称	总资产/亿元	主营业务收入/亿元	净利润/万元	主营业务利润率/%
石晶光电	0.565 08	1.356 44	1.032 239 518	25.728 670 7
胜龙科技	0.242	0.412 14	0.176 364 749	49.668 552 6
紫光股份	2.060 8	20.303	43.557 208 55	3.497 876 4
彩讯科技	0.318 16	1.074 58	1.265 773 701	36.144 212 1

续表

股票简称	总资产/亿元	主营业务收入/亿元	净利润/万元	主营业务利润率/%
双杰电气	0.651 8	2.131 65	2.015 701 276	38.457 891 9
华联股份	7.444 187 01	53.305 5	5.840 182 03	30.830 188 4
建工华创	0.306	1.783 51	1.276 667 541	25.192 427 8
燕京啤酒	12.102 669 63	146.707	102.983 914 5	29.892 506
金泰得	0.245	0.590 27	1.164 201 082	15.066 225 6
捷利股份	2.3	5.006 5	0.820 757 172	14.859 992 1
联飞翔	0.41	1.650 71	0.423 623 102	38.606 299 1
东土科技	0.250 705	1.040 58	0.948 765 3	66.229 333 8
鹫峰5	0.5	11.310 7	9.747 666 278	23.717 33
恒业世纪	0.501 463 76	1.091 02	0.685 047 18	32.109 216 3
经纬纺机	6.038	113.405	63.465 805 02	11.986 417 7
合纵科技	0.821 8	3.342 33	2.651 279 104	39.745 117 1
华北高速	10.9	41.290 5	9.501 163 763	37.289 165
五岳鑫	0.328	0.933 46	0.409 182 198	77.204 572 8
*ST传媒	3.115 739 01	2.868 24	1.519 903 698	20.000 138 4
北科光大	0.28	0.477 74	0.153 095 125	71.665 09
安泰科技	8.548 737 48	53.980 2	35.246 736 82	16.227 742 2
林克曼	0.2	0.654 18	0.341 640 587	65.652 496
北新建材	5.751 5	73.570 8	43.690 768 09	26.944 769 9
中兴通	1.1	2.130 68	0.965 122 059	69.350 296 8
现代农装	1.35	2.174 31	0.117 024 028	1.379 990 1
华高世纪	0.188	0.442 21	0.481 666 897	54.367 045 7
世纪东方	0.616	3.391 5	1.721 753 645	45.747 352 7
原子高科	0.662 8	4.423 9	3.892 248 9	44.632 193 3
诺思兰德	0.095	0.168 67	0.035 64	60.749 040 4
中信国安	15.679 305 41	108.45	20.103 919 99	25.379 377 9
指南针	0.731 3	1.294 86	0.485 639 582	77.126 444 8
顺鑫农业	4.385 4	99.293 7	62.684 010 6	20.493 568 9
盖特佳	0.407 592 27	0.564 66	0.154 011 651	82.310 966 4
金融街	30.270 798 09	541.681	81.102 939 16	32.867 669 4
星昊医药	0.576 919 6	2.546 78	1.472 590 999	44.863 026 8
*ST中服	2.58	12.973 4	20.392 207 6	5.805 717 4
新松佳和	0.25	0.735 9	0.626 015 226	44.126 216 4
京东方A	112.679 519 5	542.3	80.252 908 48	−3.527 032 1
海鑫科金	0.553 36	2.137 34	1.450 199 643	52.462 230 5
中关村	6.748 469 4	40.106 9	25.990 595 18	17.434 389 1

续表

股票简称	总资产/亿元	主营业务收入/亿元	净利润/万元	主营业务利润率/%
金和软件	0.225 72	0.509	0.568 659 72	86.118 019 6
北方国际	1.624 371 2	19.531 7	18.291 562 89	9.859 643 8
金豪制药	0.42	0.796 45	0.615 791 032	59.915 377 2
首钢股份	29.665 260 57	175.493	279.059 808 8	3.280 497 3
京鹏科技	0.378 531 26	1.750 38	1.599 498 476	27.705 772 1
中色股份	6.388 8	100.127	59.543 320 59	16.838 203 9
安控科技	0.436 6	2.029 66	1.573 456 663	50.031 374 8
中科三环	5.076	27.945 3	23.657 815 37	25.043 481 3
凯英信业	0.233 8	0.930 12	1.076 436 076	15.201 152 4
ST 兴业	1.403 625	1.538 42	0.183 596 88	23.012 277 4
大地股份	0.5	2.025 2	4.168 096 992	21.112 386 2
京中兴 5	2.567 2	3.174 08	0.872 876 65	20.996 944 7
鼎普科技	0.2	0.639 11	0.510 190 457	66.696 164 5
中水渔业	3.194 55	7.857 44	3.644 807 407	29.955 671 2
信维科技	0.186 8	0.588 44	0.502 131 703	55.622 784
中科软	1.125	6.531 28	12.206 337 64	20.995 672 9
康斯特	0.306	0.963 12	0.728 706 628	74.402 054 4
科瑞讯	0.223 3	0.703 76	0.296 472 305	30.439 514 7
绿创环保	0.869 399	1.778 1	1.016 099 319	21.844 638 8
东宝亿通	0.28	0.457 17	0	
圣博润	0.109	0.301 03	0.256 158 005	86.232 148 2
华环电子	0.524 294 85	1.259	1.312 851 048	34.925 900 1
建设数字	0.338	0.692 85	0.334 226 925	52.307 438 3
圣方科技	3.116 270 4	0.059 4	0	
博朗环境	0.4	1.157 02	0.285	34.014 1
SST 华新	1.470 174 48	2.122 01	1.518 678 063	34.703 205 7
泛海建设	22.786 558 84	223.459	16.251 369 91	32.979 728 3
中成股份	2.959 8	10.882 4	9.358 681 359	9.707 193 7
绵世股份	2.980 955 22	11.078 4	0.949 244 166	74.104 624 3
北京旅游	1.374 901 8	4.677 25	1.653 523 071	52.188 488 1
北京时代	0.604 248 223	6.122 42	3.244 966 601	26.739 779 4
中机非晶	0.38	1.134 28	1.027 412 946	9.849 721 1
大唐发电	123.100 38	2 107.56	606.723 75	17.881 342 2
京运通	3.698 851 36	17.073 7	11.387 308 64	42.863 538 3
中国石油	1 830.21	16 563.7	14 654.15	21.668 947
人民网	2.073 170 73	6.508 72	3.316 618 845	51.960 247 3

续表

股票简称	总资产/亿元	主营业务收入/亿元	净利润/万元	主营业务利润率/%
中煤能源	132.586 63	1 208.15	712.684 17	31.773 185
中国交建	148.25	3 110.67	2 735.714 99	8.734 648 9
中国重工	66.51	440.157	204.726 876 5	19.115 022 5
际华集团	38.57	144.233	156.899 623	10.060 155 1
金隅股份	38.733 325	612.214	231.341 326 2	21.817 199 9
江河幕墙	4.5	51.320 4	51.821 725 57	22.068 509 9
翠微股份	1.5	17.97	38.534 195 92	18.8 648 356
中国建筑	300	3 975.39	3 704.175 33	8.003 084 2
中国水电	66	1 214.71	1 014.944 835	10.071 429 9
中国南车	118.4	735.657	649.089 183 7	17.241 509 5
中国国旅	8.8	64.817 3	96.076 248 24	18.123 335 2
ST 天桥	15.242 604 42	139.379	41.334 967 14	23.626 486 8
中创信测	1.385 86	7.037 34	2.806 607 685	49.429 024
首旅股份	2.314	19.118 7	23.046 392 7	35.670 129 2
北京城乡	3.168 049 49	28.923 3	17.898 065 45	20.329 746 7
中国铝业	135.244 88	1 413.22	1 209.948 47	6.169 011 5
中国国航	4.389 864	40.275 7	40.278 793 14	18.174 020 4
金自天正	0.993 98	21.302	6.990 214 595	19.666 891 2
同方股份	9.938 505 54	248.646	182.575 094 2	14.742 279 1
京能置业	4.528 8	49.161 4	10.641 919 85	36.511 712 5
航天信息	9.234	64.991 5	94.514 495 17	22.715 525 4
国投中鲁	2.017	20.273 1	9.338 364 134	13.789 826 7
中国北车	83	771.622	621.843 21	12.965 089 7
华胜天成	5.048 622 43	34.069 3	40.754 271 71	18.582 825 4
中兵光电	7.446 6	37.137	17.858 294 79	28.866 837 6
双鹤药业	5.716 959 48	52.055 1	53.667 958 12	35.448 679 1
国药股份	4.788	33.927 7	59.180 376 15	8.640 235 6
华业地产	6.45	84.137 9	22.494 124 25	20.954 714
天地科技	10.116	105.597	79.694 467 75	33.918 332 6
歌华有线	10.603 608 98	91.261 7	18.943 461 08	13.170 533 2
西单商场	4.097 180 38	19.562 5	29.928 582 13	20.827 022 3
北京城建	8.892	179.51	46.462 024 92	33.795 726 7
王府井	4.176 419 06	83.135 2	139.462 298 6	17.201 417 7
中青旅	4.153 5	75.981 7	60.838 385 43	20.302 144 3
星新材料	5.227 075 6	152.958	96.764 856 35	10.290 319 1
中国神华	198.9	3 392.68	1 520.63	43.808 816 1

续 表

股票简称	总资产/亿元	主营业务收入/亿元	净利润/万元	主营业务利润率/%
四方股份	4.007 34	35.862 9	13.477 191 79	44.185 310 2
G北巴	4.032	20.112	19.601 202 4	22.974 201 8
北辰实业	9	286.252	203.248 662 7	20.355 025 6
中国玻纤	4.273 92	156.389	47.650 215 06	30.694 53
三元股份	8.85	27.799	25.722 734 74	15.829 412 9
中牧股份	3.9	29.046 6	26.611 587 72	36.673 021 6
空港股份	2.52	22.428 2	8.597 481 129	15.522 337 9
中国石化	867.02	9 853.89	19 131.82	11.439 685 3
中金黄金	14.230 907 46	135.015	216.473 864	14.690 288 8
有研硅股	2.175	12.312 2	6.685 003 519	10.372 114 8
中国软件	2.256 938 79	26.578 4	30.290 958 82	30.329 046
同仁堂	5.208 262 78	54.893 2	38.244 461 42	44.176 764 6
京能热电	6.560 212 9	92.443 7	26.038 589 34	17.341 447 1
万通地产	12.168	118.762	35.683 967 79	27.475 179 1
用友软件	8.161 319 07	47.659 2	29.788 260 39	79.920 568 5
首创股份	22	168.41	30.366 607 51	38.708 950 5
广船国际	5.800 974 02	32.053 2	13.084 749 92	38.632 869 2
路桥建设	4.081 330 1	184.525	103.434 488 9	4.743 270 8
中电广通	3.297 269 84	15.667 8	12.214 299 02	6.750 625 3
中国卫星	7.050 759 8	40.227 5	30.311 854 44	13.982 214 5
航天长峰	2.926 04	7.674 06	5.300 958 167	16.587 135 5
外运发展	9.054 817 2	61.420 6	33.972 182 23	7.986 592 8
*ST北人	4.22	14.573 6	8.213 577 197	17.048 624
万东医疗	2.164 5	10.086 6	6.027 543 591	35.863 517 3
ST中房	5.791 949 25	4.977 62	0.110 144 96	−25.967 211 9
大恒科技	4.368	30.332 1	39.609 653 52	14.144 124 9
长江电力	165	1 574.61	218.802 463	60.332 597 2
大龙地产	8.300 032 32	25.966 1	8.244 707 384	36.573 367 8
北矿磁材	1.3	4.273 74	3.319 673 562	15.587 244 9
中农资源	3.042	5.757 1	5.253 487 506	4.890 757
昊华能源	4.54	88.379 4	40.471 654 54	44.798 581 1
中国化学	49.33	342.618	325.832 335 4	12.105 367 4
首开股份	11.497 5	427.413	77.654 924 47	34.825 562 3
中国铁建	123.375 42	3 501.94	4 701.587 93	5.857 610 1
福田汽车	10.548 358	246.415	534.920 524	11.367 392 8
中国中铁	212.999	3 893.06	4 731.222 21	5.735 361 1

续 表

股票简称	总资产/亿元	主营业务收入/亿元	净利润/万元	主营业务利润率/%
动力源	2.182 502	10.239 1	7.713 060 839	33.724 834 4
华锐风电	33.670 2	257.4	55.641 290 51	25.823 314
五矿发展	10.719 107 11	432.364	1 314.659 106	2.277 088 2
中国中冶	191.1	2 882.21	2 067.918 16	10.045 095 3
极品无限	0.1	0.122 95	0.149 661 567	68.484 090 9
中国国贸	10.072 825 34	94.085 6	10.359 448 29	38.811 108 3
华能国际	140.553 834 4	2 239.53	1 043.077 019	10.873 222 9
中国医药	3.109 579 2	52.375 8	62.595 306 26	9.639 755 8
天坛生物	5.154 668 68	24.480 9	12.022 614 09	57.309 439 6
华联综超	4.848 079 18	62.704 2	103.388 163 9	18.300 341 6
中国国航	128.919 55	1 552.2	809.626 77	22.664 941
理想固网	0.061 1	0.099 1	0.110 472 197	13.644 028
同辉佳视	0.131 854 77	0.245 07	0.458 357 413	25.132 101
德鑫物联	0.277 3	0.431 72	0.279 049 048	46.815 419 4
合纵科技	0.05	0.121 91	0.066 116 374	20.395 903 7
马氏兄弟	0.06	0.151 69	0.165 311 465	38.856 609 4
赛亿科技	0.07	0.150 9	0.084 335 362	47.354 822 1
确安科技	0.238	0.635 03	0.174 583 442	60.794 768 7
中科国信	0.101 827	0.188 35	0.086 531 62	56.634 287 6
全三维	0.142 8	1.177 73	0.692 159 29	31.086 638 8
君德同创	0.08	0.167 25	0.240 308 935	40.888 697 5
弘祥隆	0.02	0.042 99	0.025 812 914	42.774 280 8
金润科技	0.05	0.110 7	0.075 241 417	85.340 695 3
爱迪科森	0.1	0.206 26	0.291 598 552	91.512 504 9
七维航测	0.2	0.337 64	0.384 588 019	38.291 139 6
永邦科技	0.06	0.272 39	0.431 948 744	24.351 860 2
易生创新	0.09	0.099 16	0.065 890 848	59.646 317 5
亿创科技	0.15	0.237 6	0.106 381 412	39.436 301 9
赛德丽	0.12	0.326 2	0.305 391 681	33.494 314 3
百慕新材	0.363	1.018 43	1.723 880 925	18.614 516 2
科若思	0.05	0.157 39	0.071 556 55	52.024 340 5
国基科技	0.429 25	1.084 02	1.017 922 812	34.761 880 9
爱特泰克	0.1	0.266 82	0.369 340 454	12.401 068 3
金山顶尖	0.4	1.216 66	2.509 786 117	13.203 637
百拓科技	0.01	0.021 85	0.089 233 951	43.004 203 6
尚水股份	0.07	0.122 11	0.142 499 359	52.925 910 4

续表

股票简称	总资产/亿元	主营业务收入/亿元	净利润/万元	主营业务利润率/%
永瀚星港	0.01	0.057 93	0.045 592 886	61.424 875 7
华欣远达	0.02	0.041 02	0.037 674 215	69.376 680 4
星和众工	0.42	3.128 72	2.632 327 769	11.297 521
汉唐自远	0.22	0.517 68	0.996 443 504	16.130 320 5
纬纶环保	0.35	0.889 38	0.709 059 973	28.761 614 8
威力恒	0.068	0.095 64	0.107 734 326	23.629 349 6
天助畅运	0.15	0.330 27	0.186 256 054	90.264 251 2
天一众合	0.36	0.558 87	0.384 948 762	49.003 428 8
达通通信	0.102 8	0.302 27	0.151 013 468	74.855 135 6
东方生态	0.1	0.229 11	0.362 155 294	31.150 194 9
首都在线	0.055	0.207 74	0.379 246 698	47.233 955 6
掌上通	0.3	0.643 22	0.926 440 097	37.816 340 5
富机达能	0.15	0.281 65	0.160 285 859	26.641 748 6
航星股份	0.133 6	0.265 73	0.738 221 503	6.561 293 4
兆信股份	0.24	0.382 83	0.513 526 199	43.332 786 4
大津股份	0.165	0.312 66	0.134 884 422	73.109 897 9
国学时代	0.052	0.074 15	0.091 904 628	29.917 079
泰诚信	0.02	0.405 35	0.339 154 976	46.231 041 1
中讯四方	0.2	0.380 46	0.276 544 646	42.285 075 5
天大清源	0.1	0.392 11	0.434 946 956	55.186 309 5
工控网	0.106 8	0.197 91	0.262 801 366	66.561 261 5
合力思腾	0.301	0.376 46	0.373 231 737	40.756 120 8
道隆软件	0.176 087	0.225 24	0.138 839 265	38.386 575
朗铭科技	0.03	0.077 24	0.069 780 197	41.879 211
清畅电力	0.23	1.121 21	0.768 964 745	38.491 639 8
中航讯	0.1	0.121 67	0.062 202 992	46.054 620 9
环拓科技	0.05	0.125 47	0.044 499 795	54.573 954 4
北京航峰	0.05	0.211 27	0.146 938 292	51.118 337 9
中海阳	0.6	3.541 62	3.191 591 865	32.849 507 6
中交远洲	0.05	0.087 22	0.074 943 591	39.365 152 1
莱富特佰	0.1	0.115 92	0.074 662 584	80.308 684 9
阿姆斯	0.1	0.130 35	0.167 031 834	47.444 358 1
航天理想	0.1	0.145 22	0.187 194 769	32.448 043 2
中科联众	0.12	0.144 93	0.239 120 555	16.977 243 3
鸿仪四方	0.308 536	0.756 05	0.252 806 916	62.557 553 2
维信通	0.089	0.107 72	0.093 337 306	60.805 752

续表

股票简称	总资产/亿元	主营业务收入/亿元	净利润/万元	主营业务利润率/%
速原中天	0.02	0.254 18	0.142 731 082	23.409 331 3
新锐英诚	0.105	0.121 59	0.178 943 143	18.673 757 1
都市鼎点	0.1	0.327 82	0.287 237 995	40.398 824 3
中海纪元	0.18	0.736 86	0.466 636 088	30.463 596 9
塞尔瑟斯	0.1	0.248 74	0.302 844 337	44.207 324 9
九恒星	0.316 7	0.765 74	0.629 611 996	53.891 379 8
斯福泰克	0.12	0.167 81	0.147 844	56.428 961 1
超毅网络	0.326 3	0.540 09	0.174 462 276	30.309 899 4
意诚信通	0.26	0.733 93	0.896 401 522	24.507 946 5
南北天地	0.22	0.379 92	0.336 211 905	60.129 219 2
博雅英杰	0.261	0.306 37	0.145 478 656	59.877 417 3
中矿华沃	0.05	0.306 37	0.118 853 292	53.254 811 1

（附表资料来源：RESSET数据库和清科集团数据库数据整理得到。）

参考文献

[1] 郑长德.中国上市公司融资偏好研究[J].西南民族大学学报:自然科学版,2003(1):60-75.

[2] 李健,等.浅议我国上市公司的融资结构及其优化[J].商业经济,2008(6):74-76.

[3] 谈江辉.上市公司股权融资偏好成因及对策探析[J].财会通讯:综合(中),2009(1):23-24.

[4] 陆正飞.中国上市公司融资行为研究[J].会计研究,2003(10):16.

[5] 岳中刚.资本结构决定因素的实证研究综述[J].审计与经济研究,2006(1):92-95.

[6] 陆正飞,辛宇.上市公司资本结构主要影响因素之实证研究[J].会计研究,1998(8).

[7] 洪锡熙,沈艺峰.我国上市公司资本结构影响因素的实证分析[J].厦门大学学报:社科版,2000(3).

[8] 贾利军,彭明雪.我国电力行业上市公司资本结构影响因素分析[J].经济问题探索,2007(7).

[9] 谭恒. 纺织类上市公司资本结构影响因素的回归分析[J].财政研究,2007(12).

[10] 肖作平.资本结构影响因素和双向效应动态模型——来自中国上市公司面板数据的证据[J].会计研究,2004(2).

[11] 李善民,刘智.上市公司资本结构影响因素述评[J].会计研究,2003(8).

[12] 朱叶.中国上市公司资本结构研究 [M].上海:复旦大学出版社,2003.

[13] 吕长江,韩慧博.上市公司资本结构特点的实证分析[J].南开管理评论,2001(4).

[14] 张涛,王丽萍. 国有企业资本结构影响因素实证分析——来自山东省大型国有企业数据的实证检验[J]. 山东财政学院学报,2008(1).

[15] 陆正飞,韩霞,常琦.公司长期负债与投资行为关系研究[J].管理世界,2006(1).

[16] 陆正飞,赵蔚松.北京上市公司的融资结构与投资战略[J].北京社会科学,2003(3).

[17] 杨江涛,刘星.资本投向与控制权私有收益摄取的实证分析[J].财政与金融,2009(4).

[18] 文彩霞,王斌.北京地区上市公司资本结构行业差异实证分析[J].特区经济,2009(1).

[19] 刘烨,张金清,等.中国A股上市公司股权再融资的价值创造评价研究[R].复旦大学金融研究院,2009.

[20] 王玉春,花贵如.从财务视角审视上市公司可持续增长[J].会计研究,2007(2).

[21] 樊钰. 北京农业上市公司资本结构影响因素的实证分析[J]. 安徽农业科学，2011(4).

[22] 沈敏，倪晓敏. 农业上市公司经营状况分析[J]. 大众商务，2010(1).

[23] 辛怀慧，杨文杰. 农业上市公司盈利能力分析[J]. 财会通讯，2011(5).

[24] 陈娟. 中国农业上市公司资本市场概况分析[J]. 东方企业文化，2012(3).

[25] 王德全. 北京地区行业及上市公司分析[M]. 北京：现代教育出版社，2007.

[26] 武晓玲，詹志华，翟明磊，等. 大股东控制对现金持有影响的研究[J]. 山西财经大学学报，2012(7).

[27] 彭朗. 低碳经济背景下上市公司融资特点及方式选择[J]. 经济纵横，2012(5).

[28] 李涛，郭小晶，周宁宁. 电力上市公司财务状况主成分分析评价[J]. 财会通讯：综合，2010(11)：121-122，128.

[29] 张文闻，何宏金. 多元化战略对资本结构影响的理论研究综述[J]. 生产力研究，2012(4).

[30] 谢军. 第一大股东持股和公司价值：激励效应和防御效应[J]. 南开管理评论，2007(10).

[31] 严鸿雁. 高新技术上市公司知识产权、资本结构与企业绩效[J]. 财会通讯，2011(7).

[32] 王化成，胡国柳. 股权结构在公司治理中的作用及效率——文献回顾及基于中国上市公司的未来研究方向[J]. 湖南大学学报，2004(5).

[33] 屈宏志. 宏观经济政策对上市公司资本结构影响的分析[J]. 生产力研究，2012(4).

[34] 钟海燕，冉茂盛. 基于计量模型的股权结构与资本结构分析[J]. 商业研究，2012(6).

[35] 欧群芳，贺晋. 上市公司财务可持续增长的研究——基于 2010 年沪深两市上市公司的数据[J]. 生产力研究，2012(5).

[36] 邢秀芹，房燕. 上市公司融资结构研究——以北京市为例[J]. 海南金融，2009(12).

[37] 严鸿雁，房燕，陈晓颖. 上市公司资本结构影响因素研究——基于北京制造业上市公司的经验证据[J]. 商业时代，2010(6).

[38] 张瑶，李珍. 上市公司资本结构影响因素再研究——基于分位数回归方法的经验研究[J]. 会计之友，2012(6).

[39] 梁树广，崔健，袁见. 我国电力行业上市公司的股权结构与技术效率关系——基于超效率 DEA 模型和面板模型[J]. 金融研究，2011(3).

[40] 马秋君，彭明雪. 我国电力行业上市公司资本结构特征及优化分析[J]. 经济与管理研究，2007(10).

[41] 唐小飞，康毅，郭达，等. 我国房地产上市公司融资约束比较研究——基于股权结构的实证分析[J]. 宏观经济研究，2011(5).

[42] 陈琰. 信息技术行业上市公司融资结构实证研究[J]. 现代商业，2000(9).

[43] 杨树林. 资本结构影响因素理论与实证研究综述[J]. 兰州商学院学报，2006(6).

[44] 李小军. 股权融资偏好亦或过度融资——来自中国上市公司再融资的经验证据[J]. 财贸研究，2009(2).

[45] 陈林奋，王德全. 基于 GARCH 模型及 VaR 方法的证券市场风险度量研究[J]. 工业技术经济，2009(11).

[46] 杨江涛，刘星. 资本投向与控制权私有收益攫取的实证研究[J]. 财务与金融，2009(4).

[47] 李志国，田方，徐腊平. 行业差异与资本结构：来自我国上市公司的经验数据[J]. 当代

经济管理,2007(1):106-108.

[48] 金雪飞.我国不同行业上市公司资本结构影响因素实证研究[D].南京:南京工业大学,2006.

[49] 郭鹏飞,孙培源.资本结构的行业特征:基于中国上市公司的实证研究[J].经济研究,2003(5).

[50] 谭克.中国上市公司资本结构行业差异的实证研究[J].产业经济研究,2005(3).

[51] 何桂基,晏艳阳.我国上市公司资本结构的行业差异分析[J].湖南财经高等专科学校学报,2005(4).

[52] 中国上市公司资讯网 www.enlist.com、新浪网财经版 finance.sina.com.cn 和清科数据 http://zdb.pedaily.cn.

[53] 肖作平.公司治理结构对资本结构类型的影响——一个 Logit 模型[J].管理世界,2005(9).

[54] 胡国柳,董屹.上市公司股权结构与资本结构选择的实证分析[J].财经科学,2005(5).

[55] Murray F, Goyal V. Capital Structure Decisions: Which Factors Are Reliabiy Important[J]. Financial Management,2009(2).

[56] Rosellon,M. Capital Structure in an Industry Equilibrium with Endogenous Liquidation Values[J]. European Finance Review,2005(4).

[57] Leeremmers. Industry and Sizes Debt Ratio Determination Manufacturing Internationally[J]. Financial Management,summer.

[58] Beatriz G O. Board Independence and Real Earings Mangement: The Case of R&D Expenditure[J]. Corporate Goverance,2008,16:116-130.

[59] Geoffrey Booth,Juha Junttila,Juha-Pekka, et al. How does the financial environment affect the stockmarket valuation of R&D spending[J]. Journal of Financial Intermediation, 2006, 15:197-214.

[60] John Asker,Mariagiovanna Baccara. Subsidies,entry and the distribution of R&D investment[J]. International Journal of Industrial Organization, 2010, 28:254-270.

[61] Julio Pindado,Valdoceu de Queiroz,Chabela de la Torre. How Do Firm Characteristics Influence the Relationship between R&D and FirmValue[J]. Financial Management,2010:757-782.

[62] Laurel A Franzen,Kimberly J Rodgers,Timothy T Simin. Measuring Distress Risk: The Effect of R&D Intensity[J]. The Journal of Finance,2007,6:2931-2967.

[63] Mustafa Ciftci,William M Cready. Scale effects of R&D as reflected in earnings and returns[J]. Journal of Accounting and Economics,2010,52:62-80.

[64] Sumit K. Majumdar. Scalability versus flexibility: firm size and R&D in Indian industry[J]. Technology Transfer,2011,36:101-116.

[65] Tao Z,Lin HC. Ownership structure and R&D spending: evidence from China's listed firms[J]. China Management Studies,2011,5:82-93.

[66] Maksimovic, Vojislan, Joseph Zechner. Debt, agency costs, and industry equilibrium [J]. Journal of Finance,1991,46.

[67] Myers. Capital Structure [J]. Journal of Economic Perspectives,2001(15):81-102.
[68] Miguel A,Pindado J,de la Torre C. Ownership structure and firm value:New evidence from the Spanish case[J]. Strategic Management Journal,2004(25):1199-1207.
[69] Gedajlovic E, Shapiro D. Management and ownership effects: evidence from five countries[J]. Strategic Management Journal,1998(19):533-553.
[70] Morck R,A Shleifer,R Vishny. Management ownership and market valuation[J]. Journal of Financial Economics,1988(20):193-315.